DOCUMENTOS DA CNBB – 43

CONFERÊNCIA NACIONAL DOS BISPOS DO BRASIL

ANIMAÇÃO DA VIDA LITÚRGICA NO BRASIL

(ELEMENTOS DE PASTORAL LITÚRGICA)

27ª Assembléia Geral
Itaici-SP, 05 a 14 de abril de 1989

22ª edição – 2010
5ª reimpressão – 2019

Nenhuma parte desta obra poderá ser reproduzida ou transmitida por qualquer forma e/ou quaisquer meios (eletrônico ou mecânico, incluindo fotocópia e gravação) ou arquivada em qualquer sistema ou banco de dados sem permissão escrita da Editora. Direitos reservados.

Paulinas
Rua Dona Inácia Uchoa, 62
04110-020 – São Paulo – SP (Brasil)
Tel.: (11) 2125-3500
http://www.paulinas.com.br – editora@paulinas.com.br
Telemarketing e SAC: 0800-7010081

© Pia Sociedade Filhas de São Paulo – São Paulo, 1989

SIGLAS

AG	Ad Gentes
CD	Christus Dominus
CEBs	Comunidades Eclesiais de Base
CELAM	Conselho Episcopal Latino-americano
CIC	Codex Juris Canonici
CNBB	Conferência Nacional dos Bispos do Brasil
DCDAP	Diretório para as Celebrações Dominicais na Ausência do Presbítero
Doc.	"Documentos da CNBB"
Doc. Pont.	Documentos Pontifícios
DP	Conclusões da Conferência de Puebla
EN	Exortação Apostólica "Evangelii nuntiandi", de Paulo VI
Est.	"Estudos da CNBB"
IGLH	Introdução Geral à Liturgia das Horas
IGMR	Instrução Geral sobre o Missal Romano
LCL	Instrução sobre a Liberdade Cristã e a Libertação
LG	Lumen Gentium
MC	Marialis Cultus
Md	Conclusões de Medellín
MS	A Música Sacra
NGALC	Normas Gerais do Ano Litúrgico e Calendário
PO	Presbyterorum Ordinis
RB	Ritual de Bênçãos
SC	Sacrosanctum Concilium

INTRODUÇÃO

1. Este texto é conseqüência da pesquisa feita pela Linha 4, Dimensão Litúrgica da CNBB, quando se completaram 20 anos da promulgação da *Sacrosanctum Concilium* em 1983. O resultado colhido sobre a caminhada da reforma e renovação litúrgicas pós-conciliares, foi devolvido às bases através do livro Estudos da CNBB, nº 42: *Liturgia, 20 anos de caminhada pós-conciliar*.

2. Tendo a CNBB dedicado esforços especiais às diversas dimensões da vida da Igreja, urge refletir, agora e de modo bem abrangente, sobre a dimensão celebrativa, que tem aspecto profético e transformador e é a alma de todas as outras[1].

Para unir a dimensão celebrativa à dimensão profética e transformadora, o fundamental é prover de modo positivo e permanente, a formação de todos os agentes de pastoral, começando pelos mais responsáveis pela vida litúrgica nas diversas igrejas.

3. Não pretendemos aqui apresentar um Manual de liturgia nem um Diretório dos Sacramentos, mas Elementos de Pastoral Litúrgica. Desejamos contribuir para

---

[1] Cf. SC 10.

promover e animar a Pastoral Litúrgica na formação dos agentes de Pastoral, para dinamizar as celebrações, para a constituição de suas equipes e para impulsionar a adaptação litúrgica conforme os apelos do Espírito na Igreja.

4. Este trabalho contém duas partes:

Na 1ª parte refletimos sobre a caminhada litúrgica pós-conciliar, a natureza da liturgia, sua linguagem e suas múltiplas expressões, a importância da espiritualidade litúrgica e a urgência, tanto da aculturação e inculturação como da formação para a necessária adaptação e criatividade. Esta parte termina com algumas orientações pastorais sobre a liturgia em geral.

Já na 2ª, mais prática, são apresentadas orientações pastorais sobre a Celebração Eucarística.

I PARTE

A VIDA LITÚRGICA

I. A CAMINHADA LITÚRGICA PÓS-CONCILIAR E SEUS ATUAIS DESAFIOS

5. Apresentamos inicialmente uma visão geral da caminhada litúrgica no Brasil a partir do Concílio Vaticano II, realçando dois aspectos: uma visão de conjunto das três décadas e os desafios atuais.

1. Visão de conjunto das três décadas

6. Quem lembra como era celebrar a Liturgia há 25 anos e pensa como se apresenta hoje, percebe uma transformação imensa, realizada gradativamente. Há, nesse processo, características significativas em cada uma das três décadas passadas.

1.1 Os anos 60

7. Um grande entusiasmo marcou a acolhida da *Sacrosanctum Concilium*. O uso do vernáculo modificou profundamente o estilo das celebrações. No altar, o sacerdote voltado para o povo, pôs a presidência face a face com o povo, criando novo espaço e nova comunicação na assembléia litúrgica. Aboliu-se de imediato a duplicação que se havia introduzido na celebração da

Missa, com textos proclamados em latim e repetidos em vernáculo. Os ritos foram simplificados e tornados mais claros para facilitar a compreensão e a participação do povo. O canto das partes do Comum da Missa, em vernáculo, e sobretudo a possibilidade de cantar os textos da Missa em ritmo popular, também deram nova vida à celebração.

8. Multiplicaram-se os cursos de Liturgia, onde se insistiu na necessidade da participação ativa dos fiéis e do exercício das diversas funções, como o comentarista, os leitores, o animador e os grupos de canto. Aos poucos foram sendo introduzidos, também, novos instrumentos musicais.

9. Além disso, foram-se realizando Encontros Nacionais e Regionais de Liturgia. Surgiram obras nossas e outras traduzidas. A reflexão e a prática litúrgicas tornaram-se vivas nos vários cursos do ISPAL (Instituto Superior de Pastoral Litúrgica), que prestaram inestimável serviço à renovação litúrgica no Brasil.

10. Neste período aparecem também algumas dificuldades. A lentidão e a demora da reforma e renovação oficiais ensejou a alguns interpretar e aplicar o documento conciliar de maneira autônoma e, por vezes, arbitrária. As iniciativas, tomadas nem sempre de acordo com os critérios emanados do Concílio, exageraram, sobretudo, o descaso pelo aspecto jurídico do culto que, sendo comunitário, dele também necessita. Por isso, avançaram o sinal de tal modo que não foi fácil retroceder quando necessário.

11. Por outro lado, a descoberta do sentido e do valor da Liturgia como cume e fonte da vida da Igreja fez com que se abandonassem com certo desprezo outras formas de culto como os exercícios de piedade e as devoções populares[1]. Não se conseguiu ainda preencher o vazio deixado pelo seu abandono.

1.2. Os anos 70

12. Três principais aspectos caracterizam este período: A introdução dos novos livros litúrgicos, os Documentos pastorais e a abertura da Igreja para a dimensão social de sua vida e, conseqüentemente, de sua Liturgia[2].

13. Os livros foram apenas traduzidos e não adaptados. A Liturgia das Horas teve de se contentar com a tradução da "Oração do Tempo Presente", editada na França. Infelizmente os documentos litúrgico-pastorais da CNBB, bem como as Introduções teológico-pastorais aos novos Rituais, apesar de seu grande valor, não tiveram a esperada influência na caminhada de nossa vida litúrgica.

14. A realidade sofrida do povo fez a Igreja crescer na consciência de sua dimensão profética e evangelizadora. De fato, em Medellín (1968) os bispos latino-americanos, apontavam os rumos da promoção social. Já

---

[1] Cf. SC 12 e 13.
[2] Cf. Md 9.

em 1974, o Sínodo dos Bispos testemunha que a Igreja toda caminhava nessa direção, esplendidamente exposta na *Evangelii Nuntiandi*, que a Conferência Latino-americana em Puebla buscou aplicar à nossa realidade[3].

15. Enquanto as atenções da Igreja se concentravam nos grupos marginalizados, nas grandes massas empobrecidas e oprimidas e desejosas de libertação integral, germinavam as sementes de uma nova expressão litúrgica ligada à vida.

16. Sobretudo nas CEBs, sob a influência crescente da Teologia da Libertação, a nova reflexão sobre a Cristologia e Eclesiologia na América Latina inova maneiras de celebrar a Fé.

17. Nesse contexto aparecem elementos positivos e negativos da caminhada litúrgica.

Foi positivo o novo modo de celebrar os sacramentos. A Penitência, por exemplo, se enriqueceu com as celebrações comunitárias, segundo o novo Ritual. E a Unção dos Enfermos tomou outras dimensões, mais na linha da Pastoral da Saúde.

18. A "Oração do Tempo Presente" levou o clero, as comunidades religiosas e não poucos cristãos leigos a redescobrir o valor e as riquezas da oração comunitária da Igreja.

19. A valorização dos ministérios na assembléia litúrgica estimula o aparecimento de novos ministérios na

---

[3] DP 892-963, principalmente, nº 938-952.

pastoral. E a mulher consegue lugar de destaque na Liturgia mais participada. Enfim, tem início a valorização da religiosidade popular em suas diversas formas e expressões.

20. Há, porém, elementos negativos nessa década. Com a deficiente formação litúrgica nos seminários e a insuficiente reciclagem oferecida ao clero, os padres, em geral, ficaram privados da espiritualidade litúrgica, ao mesmo tempo em que, no culto, infiltrava-se descabido desprezo pelas rubricas indispensáveis e novo rubricismo, na execução material dos ritos e no uso servil dos folhetos. Sensível foi nesse período como diminuiu a participação na confissão auricular. O exercício da celebração penitencial, com absolvição geral, não bem orientado, fez diminuir a participação na confissão auricular, privando o povo das riquezas desta forma de penitência sacramental.

21. Aqui e ali reduziu-se a celebração a mero meio de mentalização ideológica. E em que pese a benéfica integração da religiosidade do povo, parece, às vezes, que se alimenta a possibilidade de outra Liturgia, a "popular", em oposição à oficial.

1.3. Os anos 80 e a situação atual

22. Três fatos marcam esta década: a pesquisa sobre a situação da vida litúrgica no Brasil (1983), a ampla avaliação das Diretrizes Gerais da Ação Pastoral da

CNBB (1987) e o estudo provocado pelo instrumento de trabalho "Por um novo impulso à vida litúrgica" (1988).

23. Deles se depreendem certos dados importantes: junto com um certo cansaço no campo da Liturgia cresce uma busca de soluções em nível mais profundo.

24. Persistem falhas já apontadas, como deficiente formação litúrgica dos agentes em todos os níveis, com uma defasagem agravante entre leigos que estudam e um clero pouco interessado.

25. Descobriu-se toda a amplidão de um dado relativamente novo: Cerca de 70% das celebrações, no Dia do Senhor, são realizadas por comunidades que vivem e celebram sua fé sem a presidência de um ministro ordenado.

26. Nem todas as deficiências que vêm à tona no culto são falhas da dimensão litúrgica: muitas devem ser atribuídas à falta de evangelização, à catequese incompleta e à ausência de vida comunitária.

27. É promissor o fato de uma pastoral litúrgica mais integrada na pastoral orgânica, como se verifica na presença, em cada Regional, de um bispo responsável pela Liturgia, suscitando equipes animadoras desta pastoral em vários níveis. Abrem-se assim perspectivas para a difícil tarefa de fazer confluir numa Liturgia viva as riquezas da tradição romana, da religiosidade popular, da oração comprometida com a transformação do mundo e

a oração de louvor cada vez mais difundida, sobretudo nas grandes cidades nos grupos de oração[4].

2. Desafios

28. Na situação atual da vida litúrgica surgem alguns desafios mais urgentes:

— *Participação:* o Concílio preconiza a participação ativa, consciente e frutuosa[5]. Como promovê-la sempre mais? Até que ponto os meios atuais, como folhetos, cantos, símbolos, concorrem ou impedem essa participação?

29. — *Criatividade e adaptação:* a participação reclama criatividade e adaptação. Como ampliar as oportunidades existentes na Liturgia, para isso?

30. *Civilização urbano-industrial:* a maioria do nosso povo vive na cidade secularizada e massificada pelos Meios de Comunicação Social. Que símbolos, gestos e sinais serão realmente significativos dentro deste novo contexto?

31. *A Palavra de Deus:* A Palavra de Deus é sempre eficaz e transformadora (cf. Is 55,10-11; Hb 4,12). O

---

[4] Cf. JOÃO PAULO II, Encontro com os Bispos do Brasil, em Fortaleza, 6,1; *Mensagem do Santo Padre ao Episcopado do Brasil,* 1986, nº 3.

[5] Cf. SC, passim.

que falta para que as assembléias litúrgicas levem a maior compromisso de fé e melhor ligação entre fé, Palavra e vida?

32. *O Ano Litúrgico:* como superar o paralelismo entre as celebrações do Ano Litúrgico e os dias, semanas e meses temáticos (Mês da Bíblia, Dia das Missões, Mês Vocacional)?

33. *A Piedade Popular:* como redescobrir a riqueza da religiosidade popular e integrá-la na Liturgia?

34. *A Aculturação e Inculturação:* como concretamente levar adiante o processo de aculturação e de inculturação desejado pelo Concílio, para que se chegue a uma expressão litúrgica sempre mais de acordo com a índole do povo brasileiro constituído de tantas etnias?

35. Todos estes desafios deixam claro quanto e como é necessário desencadear um processo de *formação litúrgica* sistemática e permanente. Formação que se baseia na compreensão teológica da Liturgia e faça superar tanto o néo-rubricismo quanto a improvisação arbitrária.

II. LITURGIA: CELEBRAÇÃO DO MISTÉRIO DA SALVAÇÃO

1. A Celebração

36. Em todos os tempos e lugares, homens e mulheres de todos os meios e níveis sociais, de todas as culturas e religiões, costumam realçar, ao longo da existência, aspectos fundamentais da vida individual, familiar, social e religiosa.

37. Celebrar é parte integrante da vida humana, que é tecida de trabalhos e de festas, de horas gastas na construção e espaços destinados a usufruir de seus resultados.

38. A celebração nos leva a descortinar a grandeza de nosso ser e de nosso destino de imagens de Deus, grandeza que corremos o perigo de esquecer nas lutas pela vida, nas frustrações da existência. A celebração nos abre espaço para vivermos em comunhão que é o anseio profundo de nosso ser social. E completamos com nossa fantasia o que a dura realidade cerceia em nossa vocação para a plenitude e para a auto-realização.

39. Sendo um momento em que se evoca o fato passado para revivê-lo intensamente no nosso hoje, a celebração ocupa, na Religião, um lugar privilegiado: porque põe homens e mulheres em comunhão entre si e

com Deus através de símbolos ou sinais. No cristianismo, a celebração consiste na memória do acontecimento fundante do Povo de Deus, isto é, a morte e ressurreição do Senhor, que perpetua na História a salvação que Cristo veio trazer a todos.

40. Em nossas celebrações religiosas há muitos objetos, gestos e atitudes especiais de pessoas: altar, cruz, livros, luzes, toalhas, palavras, mãos postas, mãos estendidas, sinal da cruz, genuflexão, procissões... Eles entram na Liturgia como símbolos ou sinais significativos.

41. Símbolos chamamos os objetos ou gestos que contêm e expressam, de forma analógica, a realidade evocada, que então aparece de outra maneira. Lavar as mãos na missa, por exemplo, é hoje, símbolo do esforço de purificação interior. Mostra uma pureza que deve existir, aqui e agora no interior de quem participa de tal gesto. Todos os sinais empregados na liturgia são simbólicos.

42. A celebração litúrgica, estruturada em símbolos e sinais, corresponde perfeitamente à psicologia do homem e da mulher, sobretudo dos mais simples, que preferem manifestar seus sentimentos por atitudes, gestos, objetos: uma visita, um abraço, um presente.

43. De modo especial, nós latino-americanos, preferimos reforçar assim a exuberância de nossos sentimentos. Por essa razão, nossa Liturgia deve abrir espaços para as expressões de nosso povo. Assim nossas celebrações conseguem a participação de todas as pessoas

e da pessoa toda, envolvendo também seus corpos e a maneira característica de alimentar e exprimir seus sentimentos.

2. Celebração do mistério da salvação

44. O projeto de comunhão de Deus conosco, que chamamos de obra da salvação, foi prenunciado pelo próprio Deus no Antigo Testamento e realizado em Cristo. Hoje a Liturgia o celebra, isto é, o rememora e o torna presente na Igreja.

45. De fato, Israel foi o povo convocado pelo Senhor em assembléia para o culto do "Deus único dos pais", que se revelou como Senhor: um Deus para nós, e portanto, vivo e atuante na História. Marcou profundamente Israel a libertação exaltada no Êxodo, que junto com a criação, a eleição e a aliança são os motivos do culto do Povo ao Senhor.

46. Libertando Israel da escravidão para ser seu povo, ou seja, povo sacerdotal, real e profético, o Senhor enseja aos profetas a releitura destes acontecimentos como encaminhamento da humanidade para a nova Aliança: nesta aliança nova, o culto crescerá em intensidade, em compromisso e justiça com os irmãos e abertura para a universalidade, até que um dia Jesus o proclame como adoração em espírito e verdade (cf. Jo 4,23).

47. Em Jesus Cristo, o projeto de Deus se realiza plenamente, pois nele, se unem o divino e o humano. Por

isso, é no Filho que nos tornamos filhos. Sua humanidade é instrumento de nossa salvação[1]. Jesus juntou às palavras, ações e atitudes significativas que mostram que o Reino anunciado por Ele já se tornou presente. Seu agir em favor dos marginalizados do seu tempo é expressão do plano de Deus: conduzir, a partir dos pobres, todos os homens e mulheres à comunhão com o Pai.

48. O mistério pascal de Cristo é o centro da História da salvação e por isso o encontramos na Liturgia como seu objeto e conteúdo principal. Esse mistério envolve toda a vida de Cristo e a vida de todos os cristãos. "Por sua obediência perfeita na cruz e pela glória da sua ressurreição, o Cordeiro de Deus tirou o pecado do mundo e abriu-nos o caminho da libertação definitiva. Por nosso serviço e nosso amor, mas também pelo oferecimento de nossas provações e sofrimentos, nós participamos do único sacrifício redentor de Cristo, completando em nós o que falta às tribulações de Cristo pelo seu corpo que é a Igreja"[2].

49. Assim se entende como e por que sem a ação do Espírito Santo não pode haver Liturgia. A Páscoa de Cristo que celebramos é fruto do Espírito Santo que impulsionou o Filho de Deus a realizar a vontade do Pai até as últimas conseqüências (cf. Hb 9,14). E quem envolve no mistério pascal a vida, as lutas e as esperanças de todas as pessoas é o mesmo Espírito, que na Liturgia é invocado para a santificação do pão e do vi-

---

[1] Cf. SC 5.
[2] *Instrução sobre a liberdade cristã e a libertação*, nº 51.

nho e a união dos fiéis. O Espírito continua exortando-nos a que ofereçamos nossa vida e nosso compromisso de servir aos irmãos na construção do Reino, como hóstias vivas, santas e agradáveis a Deus. Aliás, é este o nosso culto espiritual (cf. Rm 12,1).

50. Nesta perspectiva, acolhemos com alegria o atual anseio de, nas ações litúrgicas, celebrar os acontecimentos da vida inseridos no Mistério Pascal de Cristo. De fato, na Liturgia sempre se celebra a totalidade do Mistério de Cristo e da Igreja, com todas as suas dimensões. A vida se manifesta não apenas nos momentos fortes do culto, mas também no esforço por crescente comunhão participativa; na consciência de sua vocação missionária; no empenho pela acolhida e animação catequética da Palavra; no espírito de amplo diálogo ecumênico e na séria, corajosa e profética ação transformadora do mundo.

51. Quando os Bispos explicitaram estas seis dimensões nas *Diretrizes Gerais da Ação Pastoral da Igreja no Brasil*, tiveram em mente o fato de que a Liturgia é o cume e a fonte de toda a ação pastoral[3]. Estas dimensões não existem isoladamente e, ao mesmo tempo, tem cada qual sua identidade: Liturgia não se confunde com Catequese, nem com ação transformadora do mundo, embora deva estar presente e penetrar todas as ações da pastoral.

---

[3] Cf. SC 10.

52. Mas em cada uma dessas dimensões todas as ações verdadeiramente pastorais têm um caráter pascal, pois são vivências da Páscoa da Igreja, à imagem e pela força da Páscoa de Cristo. E por isso a Liturgia as celebra.

III. O POVO DE DEUS CELEBRA A SALVAÇÃO

53. As maravilhas operadas por Deus no Êxodo visavam reunir o povo no Sinai para constituí-lo povo sacerdotal.

Jesus Cristo, o sumo sacerdote da fé que professamos (cf. Hb 3,1) também reúne seu povo, a quem, pelo Batismo, deu participar do seu sacerdócio. Assim o novo povo de Deus, que está no mundo vivenciando as alegrias e as esperanças, as tristezas e as angústias com todos os homens e mulheres de hoje, sobretudo com os pobres, é convocado para assembléias, a fim de exercer de modo eminente o seu sacerdócio com Cristo, por Cristo e em Cristo.

54. O Povo de Deus, sobretudo na Assembléia litúrgica se expressa como um povo sacerdotal e organizado, no qual a diversidade de ministérios e serviços concorrem para o enriquecimento de todos. Sua unidade e harmonia é um serviço do ministério da presidência. Convocada por Deus, a assembléia litúrgica, expressão sacramental da Igreja, unida a Jesus Cristo, é o sujeito da celebração.

55. O Povo de Deus convocado para o culto é o mesmo povo que trabalha, faz festa, sofre, espera e luta na História. Por isso, as nossas assembléias são diversifica-

das. É mister abrir espaços de esperança à manifestação das ricas expressões religiosas das comunidades, dos grupos étnicos e das grandes massas empobrecidas. Porque não é possível celebrar um ato litúrgico alheio ao contexto da vida real do povo, em sua dimensão pascal.

56. É essa diversificada assembléia, que é servida por ministérios e serviços multiformes, que o Espírito suscita em sua Igreja. Entre os ministérios distinguem-se os ordenados, do bispo, do presbítero e do diácono, participação específica no múnus dos apóstolos, múnus este, instituído por Jesus Cristo. Hoje temos os ministérios instituídos do acólito e do leitor; e chamamos "de credenciados" os serviços que o cristão leigo exerce em virtude de seu batismo sob a coordenação de seu bispo: são assim, o ministério extraordinário do Batismo, da Comunhão Eucarística e da assistência ao Matrimônio. Há também determinados serviços litúrgicos que, de modo estável, desempenham leitores, comentaristas, recepcionistas, componentes do coral e, sobretudo, as Equipes de Pastoral Litúrgica. Esta diversidade de ministérios fortalece a Igreja como comunidade e realça a dimensão comunitária da ação litúrgica.

57. Nessa exuberante manifestação do Espírito, que são os ministérios, há que se destacar alguns aspectos mais significativos.

58. O serviço da presidência, como sinal visível de Cristo-Cabeça, implica para bispos, presbíteros e diáconos uma renovada postura quando celebram com seu povo.

59. O diácono, como o presbítero e o bispo, não só presidem a assembléia, mas a preparam, no sentido de que a eles incumbe a responsabilidade de construir a comunidade, condição importante para a celebração litúrgica.

60. "Onde a necessidade da Igreja o aconselhar, podem também os leigos, na falta de ministros, mesmo não sendo leitores ou acólitos, suprir alguns de seus ofícios, a saber, exercer o ministério da palavra, presidir às orações litúrgicas, administrar o Batismo e distribuir a Sagrada Comunhão, de acordo com as prescrições do direito"[1].

61. Hoje, para a Liturgia, o leitor é instituído para servir à Palavra, proclamando-a no culto e fazendo-a mais conhecida na Catequese; o acólito, no seu serviço prestado ao altar e à distribuição da Eucaristia, acrescenta a preocupação com a caridade, pois, sem amor ao próximo não tem sentido partilhar o Pão eucarístico[2].

62. Além dos acólitos e leitores, inúmeros homens e mulheres assumem na celebração serviços espontâneos, que a tornam mais participada. A Equipe de Pastoral Litúrgica, responsável pela animação da vida e ação litúrgicas, deve dar especial atenção a estas Equipes de Celebração, que ajudam o presidente e a assembléia nas celebrações litúrgicas.

---

[1] CIC cân. 230, §3.
[2] Cf. IFMR, 65-66.

63. Assim, a assembléia litúrgica, servida por um conjunto de ministros, manifesta e realiza a "Igreja toda ministerial"[3] e a diaconia que é a sua vocação. A presença e participação dos fiéis através de gestos, palavras, aclamações e posturas corporais tornam visível esplendidamente a Igreja em ação[4].

---

[3] Cf. LG 10-12; AA2; AG21; IGMR, 58.
[4] Cf. SC 30.

IV. AS DIMENSÕES DA LITURGIA

64. A Liturgia, como exercício do sacerdócio de Jesus Cristo, tem duas dimensões fundamentais: a glorificação de Deus e a santificação da humanidade[1]. Trata-se de duas dimensões e não de dois tempos ou duas atividades estanques[2]. A Comunidade que celebra tem o compromisso de evangelizar o mundo[3].

Neste fluxo e refluxo de realidades nós destacamos alguns aspectos relevantes.

1. Memorial

65. A ação litúrgica é memorial: atualiza os fatos passados que, em Cristo e por Cristo, são sacramentos de salvação. Além disso, tem a força de tornar presentes as realidades futuras, levando os que a celebram a se inserirem no projeto de Deus. Como torrente de graças transbordando na história, o memorial celebra também em Cristo, os acontecimentos da vida do Povo de Deus. Os milhares de homens e mulheres individual ou comunitariamente, sob a ação do Espírito Santo, encheram de vida, sentido e luz a sua história, revivendo nela o mistério pascal de Jesus Cristo.

[1] Cf. SC 7.
[2] Cf. DP 917.
[3] Cf. DP 894.

2. A glorificação da Trindade

66. Porque a Trindade é fonte e fim da Liturgia, o louvor, a glorificação do Senhor é uma constante do culto cristão.

Não nos esquecemos, porém, de que a glória de Deus nas alturas realiza a paz na terra para as pessoas que Ele ama. A transformação do homem e da mulher e do seu mundo é o meio seguro de glorificar a Deus que os quer à sua imagem e semelhança e participando do dom da vida com abundância (cf. Jo 10,10; Is 44,23).

3. Ação de graças

67. Nesta perspectiva, torna-se mais compreensível o hino que há séculos ressoa nas igrejas: "Nós vos damos graças por vossa imensa glória". A ação de graças é importante porque, além do mais, sublinha a gratuidade do dom de Deus que celebramos.

68. Dar graças é exigência do coração que se vê assim beneficiado. Insistir, nas celebrações, em considerar demasiadamente a presença do pecado deturpa a realidade e esvazia a Liturgia, que nos convoca a louvar, bendizer, dar graças e esperar contra toda esperança.

4. Súplica e intercessão

69. Toda oração litúrgica é feita na "unidade do Espírito Santo". Precisamos dele para que nossa oração não seja um programa que impomos a Deus em nosso favor, mas reconhecimento do poder e bondade sem limites do Senhor que, fazendo vir a nós o seu Reino, nos livra de todo o mal. Pedimos por nós e pelo mundo.

70. A súplica é sobretudo reconhecimento da grandeza de Deus, que nos socorre, e não apenas consciência de nossa incapacidade. Por isso, pedimos ao Espírito que nos ensine o que devemos pedir (cf. Rm 8,26).

5. Pedido de perdão

71. A nossa condição de humanidade pecadora põe em realce a misericórdia de Deus. Pedir perdão é oração humilde, sincera e alegre, no encontro com a Misericórdia infinita, que perdoa os muitos pecados a quem muito ama (cf. Lc 7,47). É Cristo vítima, que morre e ressuscita e é celebrado na Liturgia, quem dá sentido também aos nossos sofrimentos; transformados em atitudes de oração penitencial, completam em nós, seus membros, a sua Paixão dolorosa (cf. Cl 1,24).

6. Compromisso

72. Quando se tem consciência de que pecar é condição da humanidade toda, de que a unidade de todos os homens e mulheres é obra do Espírito Santo, e de que a glória de Deus é a realização de seu povo também na História, é fácil compreender que a Liturgia, além da conversão pessoal, comporta um compromisso social.

73. O Reino de Deus que se realiza onde Deus reina por sua graça, também se explicita no pão de cada dia, na convivência fraternal e nos anseios de libertação de todo o mal. A Liturgia não nos convida apenas para ouvirmos falar do Reino, mas para nos impelir e animar a construí-lo.

7. Escatologia

74. Entretanto, sabemos que a construção da sociedade justa e fraterna é esforço para implantar um sinal do Reino definitivo, no qual já se encontram os nossos santos. Se fazemos memória deles, prelibando suas alegrias, é porque toda a Liturgia é antegozo da realidade que aguardamos, vivendo a esperança: na dimensão escatológica de nossa Liturgia[4], celebramos, de fato, a ação salvadora e perene de Deus, que começa na criação, manifesta-se na História e se coroa na Pátria definitiva.

[4] Cf. SC 8.

V. ELEMENTOS E FORMAS DO CULTO CRISTÃO

1. Elementos da celebração

75. No projeto do Senhor de ser o nosso Deus e fazer de nós o seu Povo (cf. Lv 26,12), a comunicação é fundamental e a linguagem é de capital importância. A Liturgia exprime e constrói, sempre mais, a comunhão que o Pai decidiu levar avante pela missão do Verbo, que se fez carne para habitar, como um dos nossos, entre nós e pelo envio do Espírito Santo. Por isso, a Liturgia faz sua a linguagem humana e comunica e celebra os mistérios com os mesmos elementos com que as pessoas celebram a sua vida.

76. O primeiro elemento litúrgico são as pessoas. A presença de homens e mulheres no recinto em que se encontram, felizes por se reconhecerem como convocados por Deus, faz de nossas assembléias reuniões diferentes das que concentram pessoas em teatros ou estádios, em reuniões sindicais, ou encontros partidários, como também diante da TV. Elas se reúnem na fé, em nome de Cristo, conduzidas pela ação misteriosa do Espírito que as transforma em sinais do Reino do Pai. Daí emerge o sentido da assembléia litúrgica.

77. A seguir, a Palavra de Deus, comunicação do próprio Deus, que nos convoca para celebrar a Aliança, ilumina nosso caminho e alimenta nossa vida. Primeiro porque Deus mesmo revelou o seu plano através de acontecimentos, cujo sentido foi captado e transmitido, sob inspiração do próprio Deus, através de palavras humanas, que hoje constituem o texto sagrado, objeto e alimento de nossas celebrações.

78. A celebração da Palavra de Deus na Liturgia é presença do mistério de Cristo agindo aqui e agora, com sua divina proposta, que aguarda nossa resposta concreta e generosa.

79. A Pastoral litúrgica esmera-se em pôr em relevo o sentido e o valor da Palavra na celebração, quando é proclamada na assembléia, atualizada pela homilia e se faz resposta orante nos salmos e preces[1].

80. Além da Palavra divina, o Povo de Deus escolhe cuidadosamente palavras que exprimem sua fé, sua esperança, seus sentimentos e suas necessidades numa primorosa e venerável coleção de orações e hinos[2].

81. Ajudam muito a comunicação humana e, portanto, fazem parte da linguagem litúrgica, muitos elementos visuais, acústicos e os que falam por seu movimento.

---

[1] Cf. II Parte.
[2] Na linguagem litúrgica, o conjunto de tais orações e hinos compostos pela Igreja é chamado de *Eucologia*.

Enriquecem visualmente a celebração não só a arte dos arquitetos, pintores, escultores e artistas populares, mas também o bom gosto nas vestes litúrgicas, a tradição das cores, a presença das luzes e a preocupação com a beleza até nos menores objetos de que o culto se utiliza.

82. Auxiliam nossa prece, reforçando a palavra que ouvimos, a linguagem universal da música, cantada ou instrumental, que os momentos de silêncio ressaltam e ao mesmo tempo abrem espaço para outro tipo de oração. E até mesmo a simples modulação da voz pode expressar nossa alegria, nossa confiança ou nossa dor.

83. Nosso corpo, sensível e dócil ao movimento, é uma fonte inesgotável de expressão. Por isso, na liturgia têm importância os gestos, as posturas, as caminhadas e a dança.

84. A força dos símbolos e sinais, sobretudo quando retirados da vida e cultura do povo, completa a grande variedade de elementos da nossa Liturgia.

2. Formas de celebração

85. A salvação que o Pai nos oferece chega até nós por Cristo, na Igreja. Temos ali a graça de vivenciar, em momentos diversos, a íntima comunhão com Deus e com os irmãos. Esta é a nossa vocação. Chamamos formas de celebração os diversos momentos rituais que nos permitem experimentar esta comunhão.

2.1. Os Sacramentos

86. Os momentos mais intensos dessa comunhão são os sacramentos. A Igreja cresce constantemente com novos membros que se convertem ao caminho de Jesus e aderem à Aliança. Ela a celebra no Batismo, fazendo-os passar pela água numa nova páscoa e ungindo-os na Crisma com o perfume do Espírito para que, conformados e fiéis a Cristo, vivam sua vocação e missão na construção do Reino.

87. A Igreja é constantemente recriada pela Eucaristia. Nela faz o memorial da morte e ressurreição de Cristo, o sacrifício da nova Aliança, no pão partido e repartido entre a comunidade, no vinho vertido no cálice. Aqui é o Espírito que transforma a matéria; comprometida com ele, a Igreja leva cada um a partilhar o que tem, dando um novo sentido sacralizado ao universo material e aos acontecimentos de nossa vida.

88. Jesus Cristo não só exortou os homens e as mulheres à penitência, a fim de que deixassem os pecados e de todo coração se convertessem ao Senhor, mas também acolheu os pecadores, reconciliando-os com o Pai e com os irmãos. Seguindo os seus passos, a Igreja não cessa de convidar seus membros à conversão e restauração da vida e a manifestarem a vitória de Cristo sobre o pecado pela celebração da Penitência, esmerando-se em valorizar a prática da confissão.

89. Através da Unção dos Enfermos, a comunidade eclesial concede o alívio nos sofrimentos e liberta dos

pecados e Cristo une o doente ao mistério de sua Paixão e pela graça do Espírito Santo, o associa à sua ação redentora. E dá ainda ao doente, que vê sua existência desestruturada pela enfermidade, a força suficiente para rever seu projeto de vida cristã.

90. A Igreja escolhe alguns homens no meio do povo, os quais marcados pelo sacramento da Ordem, agem "in persona Christi" e, assim, unidos ao Cristo Sacerdote, se tornam ministros da unidade e servidores do povo.

91. Através do Matrimônio cristão a Igreja celebra a Aliança de amor de Deus com os homens e mulheres e o amor de Cristo e da Igreja. Os esposos, mergulhados, desta forma, neste profundo mistério de amor, proclamam, pela vida afora, a fidelidade de Deus à humanidade.

92. Vemos aqui como pelos sacramentos a Liturgia leva a fé e a celebração da fé a se inserirem nas situações concretas da vida[3].

2.2. Celebrações na ausência do presbítero

93. No Brasil a maioria do povo fiel, em milhares de comunidades, que não contam ordinariamente com o presbítero, através da Palavra celebram o mistério de Cristo em suas vidas. E sendo a Palavra de per si, depois dos sacramentos, o modo mais importante de cele-

[3] Cf. DP 922.

brar, temos mais de um motivo para refletir sobre esta forma de celebração, como o vem fazendo, aliás, a própria Sé Apostólica em nível universal[4].

94. A partir do dia de Pentecostes a Igreja não mais deixou de reunir-se em assembléia, no Dia do Senhor, para celebrar o mistério pascal de Jesus pela proclamação da Palavra e a Fração do Pão[5]. A Celebração eucarística, portanto, é a celebração mais plena e mais apropriada do Dia do Senhor.

95. O surgimento rápido de inúmeras comunidades eclesiais, ultrapassando a capacidade de atendimento dos presbíteros, leva o Povo de Deus a reencontrar no tesouro da tradição litúrgica da Igreja a celebração da Palavra para alimento de sua fé, de sua comunhão e de seu compromisso[6].

96. Nesta celebração da Palavra, o Cristo se faz verdadeiramente presente, pois é ele mesmo que fala quando se lêem, na Igreja, as Sagradas Escrituras[7]. Além de sua presença na Eucaristia, eventualmente distribuída, está também, na assembléia, pois prometeu estar entre os seus que se reúnem em seu nome (cf. Mt 18,20).

97. É nesta celebração que muitas de nossas comunidades encontram o alimento de sua vida cristã. Forma-

---

[4] Cf. Congregação para o Culto Divino, *Diretório para as Celebrações Dominicais na Ausência do Presbítero,* de 02.06.1988, *Doc. Pont.* 2024, Vozes 1989.
[5] Cf. SC 6; DCDAP, 1.
[6] Cf. DCDAP, 20; SC 35,4.
[7] Cf. SC 7.

das por gente simples, em luta pela sobrevivência e mais abertas à solidariedade, estas comunidades espontaneamente unem a Escritura à vida e, criativamente, integram preciosos elementos da religiosidade popular.

98. Contudo, não confundimos nunca estas celebrações com a Eucaristia[8]. Missa é Missa. Celebração da Palavra, mesmo com a distribuição da Comunhão, não deve levar o povo a pensar que se trata do Sacrifício da Missa. É errado por exemplo, apresentar as oferendas, proclamar a Oração eucarística, rezar o Cordeiro de Deus e dar a bênção própria dos ministros ordenados[9].

99. A celebração da Palavra tem seus próprios valores nos vários elementos que a integram:

— reunião dos fiéis para manifestar a Igreja[10];

— proclamação e atualização da Palavra que a faz transformadora;

— preces, hinos, cantos de louvor e agradecimento, que são a resposta orante dos fiéis;

— saudação da paz, ofertas de bens e, quando houver, Comunhão eucarística que, a um tempo, expressam a solidariedade eclesial e o compromisso de transformar o mundo.

100. A coordenação desses elementos exige um serviço de presidência. Os diáconos são os primeiros encarregados de dirigir esta celebração[11]. Entretanto, quando

[8] Cf. DCDAP, 22.
[9] Cf. CIC, cân. 907; DCDAP, 35.
[10] Cf. DCDAP, 12.
[11] Cf. DCDAP, 29.

não houver diácono ou ministro instituído, todo o cristão leigo, homem e mulher, por força de seu Batismo e Confirmação, assume legitimamente este serviço[12]. Recomenda-se que os encarregados desta atividade sejam apresentados à comunidade em celebração especial para tornar mais evidente a comunhão eclesial. Seja feita esta designação por um período determinado de tempo.

101. Assim presidida, a celebração se desenvolve num ritmo, que exprime bem o diálogo entre Deus e a assembléia:

— Os *Ritos iniciais* expressam o Senhor, que chama e reúne seu povo, e o povo que alegremente vem e se apresenta. Breve monição lembrará à comunidade sua união com a Igreja local, onde os irmãos celebram e lutam na construção do Reino[13].

— Na *Liturgia da Palavra,* proclamada e explicada, o Senhor fala da salvação ao seu povo, que responde professando a fé, pedindo perdão, suplicando, louvando e bendizendo.

— A *ação de graças* é um ponto alto, porque a grande resposta ao Deus que se faz Salvador é o homem e a mulher agradecendo. Por ela se louva e se bendiz a Deus por seu grande amor. Um hino, um canto, uma oração litânica podem exprimi-la após a Oração dos fiéis, da Comunhão ou no final da celebração[14].

---

[12] Cf. CIC, cân. 230, §3.
[13] Cf. DCDAP, 42.
[14] Cf. DCDAP, 45 e 48.

— Pela *Comunhão eucarística,* a assembléia exprime e realiza aí íntima união com Cristo e com a Igreja.

— Pelos *Ritos de conclusão* os fiéis, que tomaram consciência de que são enviados, assumem o compromisso da sua missão a serviço do Reino na vida concreta.

102. Finalmente, não podemos esquecer que a celebração da Palavra tem uma ampla dimensão educativa, levando o povo à sadia criatividade, à valorização dos ministérios, ao compromisso com o Reino e ao amor à Eucaristia, como expressão da plena comunhão eclesial.

2.3. Sacramentais

103. Na vida celebrativa do nosso povo têm relevo também as bênçãos, as exéquias, as orações comunitárias. A Santa Igreja mostra seu apreço aos lugares e pessoas consagradas através de ritos solenes, por exemplo, para a dedicação das igrejas e a profissão religiosa.

104. *As bênçãos.* A Igreja, que louva e bendiz a Deus, também abençoa e consagra as pessoas e tudo que concorre para sua vida. Benzer, para a Igreja, significa afastar o véu que encobre o bem que já na criação o Senhor depositou nas coisas e o Redentor deseja e oferece aos homens e mulheres que ele salva.

105. É nos acontecimentos e situações de sua vida que o povo deseja e procura os vestígios da bondade de

Deus. Abençoando, sempre a partir da proclamação da Palavra, a Liturgia dá resposta plena a estes anseios humanos[15].

106. As bênçãos, além de sua dimensão evangelizadora, abrem perspectivas para a pastoral, que busca a mútua fecundação entre Liturgia e religiosidade popular.

107. *Exéquias.* A dura realidade da morte com seu doloroso cortejo de sofrimentos e separações de entes queridos toca no mais profundo anseio de toda a humanidade: anseio de vida e convívio perene e feliz.

Nossa fé no mistério pascal, no sentido da morte e ressurreição de Cristo, nos conduz à Pastoral da esperança, celebrada na Liturgia com grande respeito pelos sentimentos e costumes do povo nas diversas regiões. "Na ausência do ministro ordenado, os ministros de culto, especialmente, nas capelas rurais, presidam as exéquias, com ritual próprio, ressaltando a liturgia da Palavra e as orações adequadas à ocasião.

2.4. Oração comunitária

108. A nossa oração é participação no diálogo de Cristo com o Pai e da oração que lhe dirigiu durante sua vida terrena em nome e pela salvação de todo o gênero humano[16]. É essa piedade de Cristo que continua na Igreja de modo eminente na Liturgia das Horas.

---

[15] Cf. *Ritual de Bênçãos,* 27.
[16] Cf. IGLH, 7.

109. Santificando o dia, ela santifica os homens e as mulheres em todas as suas atividades e louva a Deus em todos os momentos: porque é preciso orar sempre sem nunca interromper esse diálogo (cf. Lc 18,1; 1Ts 5,17). Todos portanto, são convidados a participar da Liturgia das Horas, fazendo seus os sentimentos e desejos da Igreja[17].

110. Quando circunstâncias diversas privaram o povo das riquezas desta oração, os fiéis se refugiaram na chamada piedade popular, e, conservando as reminiscências do culto de louvor, chegaram, a seu modo, a expressar sua fé, celebrar sua vida e cultuar o seu Deus. Haja vista o *Rosário* de Nossa Senhora, o *Angelus*, celebrando a Encarnação nas horas marcantes do dia e a *Via sacra*, explicitando os passos da Paixão. E as *romarias* rumo aos santuários traduzem de modo concreto a nossa caminhada, seguindo o Cristo peregrino e festejam a universalidade da Igreja aberta para todos.

Não será demais, por isso mesmo, recordar que os santuários devem dar à Liturgia uma especialíssima atenção.

---

[17] Cf. IGLH, 20-32; SC 100; CIC, cân. 1174.

VI. A IGREJA CELEBRA NO TEMPO

111. O Domingo, como um dia especial, Natal e Páscoa, como tempo de festa, são realidades na vida de todas as pessoas, sejam ou não membros da comunidade eclesial[1].

112. Nossa fé, porém, vê mais em tudo isso. Tem consciência da plenitude da salvação realizada por Cristo, em quem tudo foi criado, razão por que é sua missão recapitular em si todas as coisas (cf. Cl 1,16). Seguindo a sucessão de dias e noites e o movimento regular do sol, que põe ritmo evidente no nosso universo, o cristão se compraz em celebrar também ritmadamente o mistério de Cristo. O Senhor santificou todo o tempo e, por isso, todos os dias são santificados. Na vida concreta, porém, para recordarmos esta verdade, chamamos de "santos" certos dias e certos tempos em que abrimos mais espaço para celebrar o mistério de Cristo ou algum aspecto da salvação.

1. O Domingo

113. O cristão, à semelhança dos judeus, consagrou um dia por semana à celebração de seus mistérios. A escolha recaiu sobre o primeiro dia da semana, dia da

---

[1] Cf. SC 106.

Ressurreição do Senhor, dia também que recorda a criação em Cristo, o recapitulador da História. Por isso, além de ser o Dia do Senhor, o Domingo é também o dia do Homem que busca viver a liberdade[2].

114. Em nenhum momento, homens e mulheres seguidores de Cristo se sentem melhor como filhos de Deus do que na celebração da Eucaristia. O memorial da morte e ressurreição de Cristo, que nos faz filhos no Filho (cf. Jo 1,12; Gl 3,26), nos une de tal modo a Jesus que em Cristo, com Cristo e por Cristo, na unidade do Espírito Santo, damos ao Pai toda a honra e toda a glória. Por isso, a Eucaristia é a celebração primordial do Domingo. Celebração eucarística a que estão ligadas de certo modo as inúmeras celebrações da Palavra nas comunidades que não têm padre.

115. Mas não é só a Missa que celebra o Dia do Senhor. As primitivas celebrações do Domingo, centradas na Fração do Pão se realizavam dentro da reunião alegre dos que juntos comiam com simplicidade de coração (cf. At 2,26). Cessar o trabalho neste dia não é só para descansar, que tem também o seu valor, mas para oferecer oportunidade de encontro com os irmãos. São celebrações do Domingo, acolhendo o Ressuscitado, que deseja nossa união fraterna (cf. Jo 17,21), as horas de convívio alegre e gratificante com os seus, as obras de misericórdia com os que sofrem e a partilha da Palavra em momentos de aprofundamento e reflexão.

---

[2] Cf. DP 322.

116. O Senhor, dizendo aos homens e mulheres "dominai a terra" (cf. Gn 1,28), nos fez senhores deste mundo. Este senhorio restaurado por Cristo deve ser intensa e conscientemente celebrado. Urge ver no descanso não apenas um espaço para o ócio, mas a proclamação cristã da libertação dos filhos de Deus de todo o mal, que o pecado injetou no trabalho através do suor, da ganância, da competição e exploração. E ver ainda no passeio, na recreação e no esporte o exercício daquela realeza com que Deus coroou seus filhos e suas filhas, capacitando-os para dominar a natureza, brincar com ela e usufruir de suas riquezas inesgotáveis.

117. Sentimos fundo no coração a deturpação do Domingo, imposta pelas injustiças e pelo consumismo de nossa época dominada pelo espírito secularista.

Alguns são obrigados a trabalhar no Domingo por imposição de suas profissões. A caridade com que exercem seus deveres é seu sacrifício espiritual, já que estão impedidos de celebrar plenamente o Dia do Senhor. Inaceitável, outrossim, é a sociedade que obriga multidões à luta pela sobrevivência por causa do trabalho mal remunerado, que desfigura o Domingo feito dia de horas-extras. A própria realidade urbana dificulta, muitas vezes, a vivência cristã do Dia do Senhor.

118. Lamentamos também o consumismo secularista, que leva centenas de pessoas ao mero lazer, viagens e programas, que mais parecem criados para distrair ou dirigir as atenções em direção oposta ao culto e à religião.

119. Corremos também o risco de esvaziar o sentido do Domingo com o excesso e superposição de comemorações, que pretendemos realçar neste dia, sem notar que não sobra espaço para celebrar o mistério pascal.

Núcleo de todo o Ano Litúrgico e ponto de convergência de todos os dias da semana, o Domingo espera, urgentemente, mais atenção de nossa pastoral.

Nas paróquias com muitas comunidades, programe-se a celebração das Missas dominicais de modo a possibilitar, por turno, o Santo Sacrifício em todas elas. Para isso é necessário reeducar as comunidades centrais no sentido de se contentarem com a celebração da Palavra, quando a Missa é celebrada nas outras.

120. A *Semana* tem tonalidade pascal particular, quando celebrada à luz do Domingo. Elementos do mistério de Cristo e da Igreja são recordados na sucessão de seus dias, sendo que a consagração do Sábado a Maria é muito cara à piedade popular. Se a Liturgia das Horas faz deste último dia, o dia da feliz consumação, com razão celebramos aquela que, assunta ao céu em corpo e alma, já se encontra na glória. Associada ao Cristo, ela é também protótipo da pessoa humana glorificada.

2. Os Ciclos do Ano Litúrgico

121. A Páscoa e as alegrias de celebrá-la são grandes demais para caberem nos limites de um Domingo. Desde cedo a Igreja passou a consagrar a isso o ano todo,

dividindo-o em ciclos: um conjunto de domingos para celebrar o Salvador, que se manifesta ao mundo; e outro grupo dedicado à Paixão-Morte e Ressurreição de Cristo, que nos envia o Espírito Santo. E entremeando estes dois ciclos, numa longa série de domingos, revive-se o que Jesus fez e disse como nosso Redentor.

122. *Tríduo Pascal.* Assim como o Domingo é o ponto alto da semana, o Tríduo pascal da Paixão-Morte, Sepultura e Ressurreição do Senhor é o ápice luminoso de todo o Ano litúrgico[3].

123. O Tríduo pascal começa na Quinta-Feira, à hora da Ceia do Senhor, quando Cristo antecipa sacramentalmente sua Morte e Ressurreição. Após um dia de penitência, que é a Sexta-feira Santa e um dia de silêncio, o Sábado, o povo cristão concentra suas atenções na Vigília pascal, mãe de todas as vigílias[4], porque celebra a Ressurreição de Jesus e a dos cristãos com ele.

124. *Tempo pascal.* Os cinqüenta dias entre o Domingo da Ressurreição do Senhor e o Domingo de Pentecostes sejam celebrados como um grande domingo, um só dia de festa[5]. São celebrações que convergem para o Cristo vitorioso e entre nós, enquanto Pentecostes, com a vinda do Espírito Santo, lembra o coroamento e a culminância da Páscoa do Senhor.

---

[3] Cf. SC 100; *Normas Gerais sobre o Ano Litúrgico e o Calendário,* 18.
[4] Cf. S. AGOSTINHO, *Sermão 219.*
[5] Cf. *Normas Gerais sobre o Ano Litúrgico e o Calendário,* 22.

125. Páscoa é festa e novo ritmo de vida. O Espírito que o Senhor nos dá nos impulsiona continuamente a viver a nossa páscoa, que são as múltiplas passagens da morte para a vida.

126. *Quaresma*. A Igreja preparou os catecúmenos para a iniciação cristã nos quarenta dias que precedem a Páscoa. Hoje a Quaresma convoca-nos para a oração, o jejum e a caridade expressa pela esmola. Assim manifestamos a nossa abertura para a Palavra de Deus, que nos leva à conversão de nossos pecados, para vivermos a fraternidade em que fomos inseridos pelo Batismo.

127. A Campanha da Fraternidade, com que a Igreja, no Brasil, desencadeia um grande movimento de evangelização, recebe da Liturgia o incentivo para seu espírito de caridade e o desejo de conversão com que anima sua pregação nos Meios de Comunicação Social, nas aulas de religião e grupos de estudo e oração.

A Campanha da Fraternidade, por outro lado, cada ano pede à Liturgia, um gesto concreto de conversão para todas as comunidades do país.

128. *Advento, Natal e Epifania*. A salvação começa com o mistério do Natal, quando Cristo, edificando sua tenda entre nós (cf. Jo 1,14), une o homem a Deus e aos irmãos, reconstituindo a grande família humana.

129. A preparação para o Natal tem características próprias. Evocando a expectativa que precedeu a vinda do Messias, nos põe no coração toda a alegria e gratidão por sermos salvos. Ao mesmo tempo aprofunda o senti-

do da segunda vinda, o fim dos tempos, onde teremos em plenitude os bens que o Natal começa a dar-nos e nos convida a procurar.

130. A Liturgia do Natal celebra ainda a visita dos magos, o Batismo de Jesus e o Casamento de Caná: porque Cristo quis revelar-se desde o princípio como o Salvador de todos, veio capacitar-nos para sermos filhos no Filho e santificar as grandes realidades humanas.

131. Chamamos, de maneira não completamente feliz, de *"Tempo comum"* o mais longo tempo de celebrações litúrgicas em que evocamos o mistério de Cristo em sua plenitude: são 33 ou 34 semanas dedicadas ao memorial do que Cristo fez e disse, esclarecendo as dimensões de nossa salvação. Foi para pregar e operar sinais que ele nasceu; morreu para se mostrar fiel à sua missão; e ressuscita para continuar suas atividades na Igreja de maneira sacramental.

132. O Tempo comum não é tempo vazio. É tempo de a Igreja continuar a obra de Cristo nas lutas e nos trabalhos pelo Reino.

133. *O Santoral.* Temos na Liturgia, sobretudo no Tempo comum, um calendário de comemorações e festas dos santos e, em especial, da Virgem Maria. Ninguém desconhece quanto é cara ao nosso povo a devoção aos santos, abrindo-nos horizontes para nossa pastoral. A Liturgia valoriza este culto. Se nos ciclos do Natal e da Páscoa celebramos o que Cristo fez para sua Igreja, já na comemoração da Mãe de Deus e de todos

os santos evocamos o que a Igreja realiza, em Cristo, para a glória do Pai.

134. Por isso, não basta procurar nos santos apenas proteção nas diversas contingências da vida; impõe-se mais tê-los como verdadeiros modelos de vida, inspiradores de nosso projeto cristão.

135. Assim, Maria, para além de toda ternura que sua devoção inspira, deve ser vista sobretudo como Mãe da Igreja; pois assim como o filho traz em seu rosto os traços de sua mãe, nós cristãos nos empenhamos por marcar nossa vida com a escuta da Palavra, o amor incondicional a Cristo e a caridade solícita para com os irmãos, que caracterizam a santidade de Maria.

136. Finalmente, não podemos deixar de notar uma certa defasagem que sofremos, celebrando a Liturgia única em nossas regiões. O Ano litúrgico, calcado sobre os ciclos cósmicos, encontra maior força de expressão quando se celebra a Páscoa para a nova Vida num cenário em que a natureza eclode numa floração de cores e vida. Cabe-nos suprir esse desencontro, ressaltando na Liturgia outros sinais; em vez da vida que ressurge no cosmos, uni-la à Vida que anseia na História. Nesta linha se compreende melhor, por exemplo, a Campanha da Fraternidade, que nos faz refletir sobre os sinais de morte, que marcam nossa sociedade para nos abrir, na Páscoa e pela Páscoa, às perspectivas de Vida, que Cristo nos oferece e nós devemos construir.

Por isso também merece atenção a iniciativa de algumas regiões do Brasil, que celebram no último domingo de maio, final das grandes colheitas, o "Dia do Louvor".

VII. ESPAÇOS E OBJETOS PARA A CELEBRAÇÃO

137. No nosso país, por toda parte, onde quer que se aglomerem moradias, o povo sente necessidade de local de reunião para celebrar sua fé.

138. No Missal e na Liturgia das Horas têm um natural destaque as festas de Dedicação das igrejas.

Embora as exigências pastorais façam surgir hoje novos lugares para celebração litúrgica, o templo é o espaço mais conveniente para nosso culto.

139. O templo é sinal da presença e ação salvífica do Pai; é imagem do Corpo Místico de Jesus Cristo, único e verdadeiro templo, construído com pedras vivas para oferecer sacrifícios novos (cf. Jo 2,19 e 21). O próprio Deus consente que nossos edifícios sejam sua casa[1], pois nesse espaço ele nos dá vivenciar a sua união conosco e a união fraterna entre nós.

140. Por isso, a igreja-edifício é sinal também da Igreja-Comunidade[2]. Assim este edifício não é uma construção qualquer: é sinal da Igreja peregrina, é imagem da Igreja celeste[3].

---

[1] Cf. Prefácio da Dedicação de uma igreja, A.
[2] Cf. Prefácio da Dedicação de uma igreja, B.
[3] Cf. *Rito da Dedicação de uma igreja*, Introdução, nº 2.

141. A Igreja, como família de Deus, precisa de uma casa para reunir-se, dialogar, viver na alegria e na comum-união os grandes momentos de sua vida religiosa.

Tendo em vista a crescente urbanização, os pastores cuidem, devidamente, de que todas as comunidades sejam dotadas de locais de culto identificados claramente. Para manter a memória do sagrado no mundo que se dessacraliza, valorize-se o toque dos sinos nos horários devidos.

142. A Igreja-edifício deve ser funcional e significativa, favorecendo, através de configuração e distribuição dos dois espaços fundamentais, tanto a execução da ação litúrgica quanto a participação ativa dos fiéis[4].

Para que cada um possa exercer corretamente a sua função, tenham o devido destaque, o presbitério, o altar, a sede da presidência, a mesa da Palavra, a cruz, o tabernáculo e lugar para os diferentes ministérios, para favorecer a participação dos fiéis[5].

143. A ornamentação do local concorre muito para expressar o sentido do templo. Por isso, nossas igrejas e também os outros lugares onde se celebra o culto, devem recorrer à arte e ao bom gosto para criar um ambiente religioso digno, cômodo, funcional e simples, sem ser banal. Cuidado especial se deve ter com a acústica, para possibilitar a comunicação da palavra e a execução da música, que pode impregnar o ambiente de nobreza e religiosidade quando ressoa bem.

---

[4] Cf. IGMR, 253.
[5] Cf. IGMR, 257-277.

144. Os vasos sagrados, os lugares, os livros e as vestes merecem atenção especial. No altar mantenha-se apenas o estritamente necessário para a Celebração eucarística.

É tradicional o costume de empregar material nobre para os vasos sagrados, dando-se liberdade aos artistas para executá-los com criatividade e bom gosto[6].

145. Os livros litúrgicos sempre foram cercados de especial veneração e trabalhados com arte esmerada por conterem a Palavra de Deus. Proclamá-la, lendo folhetos, não expressa a dignidade da Palavra e o apreço que por ela temos. Urge reintroduzir em nossas celebrações o uso dos Lecionários ou ao menos da Bíblia, para que possamos melhor sentir e expressar o apreço por Deus que nos fala.

146. As vestes litúrgicas com suas formas especiais e cores variadas[7], são sinais para o povo e para os próprios ministros de que eles agem aqui e agora em nome e na pessoa de Cristo e da Igreja. Indicam ainda a diversidade dos serviços prestados na celebração através do ministro[8].

147. A CNBB aprovou o uso da túnica ampla de cor neutra com a estola da cor do tempo ou da festa. Na confecção destas vestes deixa-se campo aberto à criatividade artística, que sabe respeitar o decoro do culto e a expressão de nossa cultura.

---

[6] Cf. IGMR, 289 s.
[7] Cf. IGMR, 307-310.
[8] Cf. IGMR, 297.

148. *Os elementos-sinais na celebração.* Como sacramento de Cristo, a Igreja revela e realiza a glorificação de Deus e a santificação da humanidade através de elementos naturais: pão, vinho, óleo, água, luz, fazem parte do comer, beber, ungir, lavar e iluminar, que são sinais nos sacramentos. A Liturgia recupera assim o sentido do mundo criado, revelando nos vários elementos a sua capacidade de expressar simbolicamente a bondade do Criador.

É conveniente que esses elementos, para melhor serem sinais, sejam usados com certa abundância, que represente a refeição, o banho purificador, a unção reconfortante.

VIII. LITURGIA E ESPIRITUALIDADE

149. Vida espiritual é uma vida orientada e alimentada pelo Espírito, que Cristo prometeu e derramou em Pentecostes. Desde então é o próprio Espírito que, dando testemunho ao nosso espírito de que somos filhos de Deus, nos leva a viver como irmãos e irmãs e a construir o mundo, sinal do Reino, que Deus quer para sua família.

150. Como testemunham os Atos dos Apóstolos (At 2,42) os primeiros cristãos assimilaram logo as dimensões bíblica, comunitária, sacramental e de compromisso da vida cristã. Pois freqüentavam a doutrina das testemunhas da Ressurreição, o encontro com os irmãos, o partir do pão entre orações, conquistando a simpatia de todo o povo (cf. At 2,27).

151. Na Igreja existem diversas formas de espiritualidade, nascidas do modo de viver o seguimento de Cristo sob o impulso do Espírito Santo, que é sempre o mesmo e, entretanto, distribui generosamente sua diversidade de dons (cf. 1Cor 12,4-11).

152. Muitos santos, alguns deles fundadores de Congregações e Ordens religiosas, graças ao carisma que lhes é próprio, iniciam um estilo de vida expresso na maneira de aceitar o dom da filiação e o projeto do Pai. E para felicidade da Igreja, fizeram escola.

153. A Liturgia é fonte de vida e expressão celebrativa da comunidade eclesial. Nela, homens e mulheres chegam ao mais alto patamar da comunhão com Deus, quando a criatura amada e redimida por seu Senhor, dilata seu coração numa perene ação de graças, que se torna, por sua vez, bendita escola de gratuidade. Por outro lado, os leigos encontram fundamento para sua espiritualidade no Evangelho vivido por tantos cristãos leigos ao longo da história da Igreja.

154. Além disso, as comunidades eclesiais encontram na Liturgia os grandes elementos de toda vida espiritual: ali está a Palavra nos espaços privilegiados que as celebrações lhe dão.

155. Nunca rezamos tão unidos como na Liturgia, que se define como ação comunitária por excelência e é vista como escola e expressão alta de comunhão.

156. A Liturgia é sinal e instrumento da graça e se desenvolve na celebração da Palavra, da Eucaristia e dos outros sacramentos.

157. E porque o mistério pascal de Cristo celebrado e atualizado em cada sacramento deve ressoar e completar-se na vida, toda a Liturgia deve levar a um compromisso social. O cristão celebrante é sinal vivo do mistério pascal e portanto instrumento de salvação integral. Por outro lado, na medida em que as comunidades estão comprometidas com a transformação do mundo, seu engajamento repercute na Liturgia, fonte e ápice de toda a vida cristã.

158. A espiritualidade ou seja a vida que o Espírito implanta na escuta da Palavra, na construção da comunidade, na Fração do Pão, é a vida dos seguidores de Cristo. Portanto, Cristo é o centro de toda espiritualidade. E é para alimentá-la que ele se encontra no centro da Liturgia.

159. As celebrações são o exercício do sacerdócio de Cristo, revelam, anunciam e tornam presentes as ações redentoras do Filho de Deus, sacrificado pela libertação e salvação da humanidade.

160. Ligada a Cristo, que é o Verbo feito carne para viver as realidades humanas, a Liturgia anima a vida cristã como a alma, todo o corpo. Dá dimensão espiritual à Semana pela celebração do Domingo, ao Ano todo pela seqüência dos ciclos; está presente nos pontos altos da vida, pelos sacramentos e nos acontecimentos e situações do dia-a-dia, através da celebração de bênçãos apropriadas.

Em síntese, pode-se dizer: a espiritualidade litúrgica é o exercício antêntico da vida cristã, como vida em Cristo, enraizada nos sacramentos da Iniciação Cristã e que se atualiza nas diversas ações litúrgicas especialmente na participação ativa na Eucaristia, da qual nasce e para a qual tende o testemunho na esperança da feliz realização do Reino.

IX. ADAPTAÇÃO E CRIATIVIDADE

161. A reforma litúrgica provocou uma onda de reflexões e iniciativas, visando a encarnação das celebrações na vida, na índole e expressão do nosso povo. Para torná-la mais atraente, buscaram-se meios, nem sempre felizes, de torná-la menos desencarnada, fria e sem vida e mais espontânea, alegre e popular[1].

162. Este esforço de incorporação das expressões culturais em nosso culto tem suas razões de ser. A longa história da Liturgia nos mostra como e quanto as adaptações lhe são conaturais.

163. Haja vista o apelo que nos vem, neste sentido nos grandes documentos da renovação litúrgica, pois a Igreja não deseja impor forma única e rígida de celebração, sem atender às legítimas variações exigidas pela diversidade dos grupos, regiões e povos[2].

164. Entretanto, estamos aqui num terreno complexo e difícil, não só devido à herança pesada de quatro séculos de imobilismo, mas também porque não é fácil mudar as formas da celebração sem violentar a identidade da Liturgia. Além de um profundo conhecimento da Liturgia em suas dimensões teológicas e histórica,

---

[1] Cf. Est. da CNBB 42, p. 85.
[2] Cf. SC 37 e 38; IGMR, 313.

impõe-se formar uma idéia clara e firme do que se pretende com as várias adaptações que buscamos[3].

165. A este propósito as palavras que mais se repetem são: adaptação, criatividade, aculturação e inculturação. São noções ricas, mas às vezes não bem e inteiramente compreendidas.

166. *Adaptação*. O objetivo da Liturgia é comunicar à humanidade a vida de Cristo e apresentar ao Pai seu culto de glorificação. Ela o alcança através de formas litúrgicas renováveis conforme os tempos e situações culturais dos povos. Essa renovação pedagógica e pastoral é que chamamos adaptação.

167. O grande motivo para mudar palavras, gestos, sinais e ritos não é o gosto das pessoas celebrantes ou a moda em voga em determinados momentos, mas a maior participação no culto a Deus[4] integrado em nossa vida atual.

168. Por isso, a adaptação litúrgica se faz com critérios: é para tornar os sinais mais transparentes à mentalidade e cultura do povo; é para conseguir aquela participação consciente e ativa que nos põe em comunhão com a Igreja local e universal; é para ressaltar melhor o conteúdo fundamental de nossa Liturgia, que é celebração da fé no mistério de Cristo, ponto culminante do projeto de Deus.

---

[3] Cf. SC 23.
[4] Cf. SC 21,2.

169. Esta adaptação com estes critérios se exerce em vários níveis: tem lugar tanto na tradução dos textos e modificação dos ritos, como na celebração dos sacramentos e da Eucaristia, atenta à índole das diferentes assembléias.

170. *Criatividade*. Tanto a adaptação, como a aculturação e a inculturação, exigem muita sensibilidade e inteligência clara na hora de se reformular ritos, gestos, sinais e textos.

Por criatividade não se deve entender tirar como que do nada expressões litúrgicas inéditas. Pelo contrário, a verdadeira criatividade é orgânica: está ligada aos ritos precedentes como o celebrante de hoje aos do passado. Uma fé, que não cria cultura, não foi suficientemente anunciada, não foi completamente assimilada ou não foi plenamente vivida.

171. Para melhor entender a criatividade é mais prático observar onde ela se realiza.

Celebrar bem é o primeiro princípio da criatividade. O presidente da assembléia, por exemplo, não pode executar gestos e textos sempre do mesmo modo, quando está só com crianças ou num pequeno grupo ou numa igreja lotada.

172. E sobretudo, em qualquer situação, fazer com que os ritos e as palavras tenham vida e exprimam a fé que desperta a Palavra proclamada, a oferta trazida ao altar, a procissão rumo à mesa eucarística. Nada disto se encontra nas rubricas: é preciso criar.

173. Já há espaço para a criatividade nas opções oferecidas pelos livros para vários ritos, como o ato penitencial, leituras para os sacramentos e para o canto. É com as atenções voltadas para a assembléia que a escolha deve ser feita, quando se prepara seriamente a celebração. O mesmo se diga, com mais razão, das várias aberturas que são dadas ao presidente para fazer a sua exortação ao seu povo. Os folhetos deveriam oferecer possibilidades para as devidas adaptações dentro de uma sadia criatividade.

174. É meta da criatividade a introdução de novos símbolos, mais compreensíveis do povo de hoje, porque criados pela piedade popular ou experimentados nas CEBs e outros grupos de oração[5]. Para isso inaugure-se um processo de pesquisa, reflexão e análise, com ajuda de um grupo de trabalho, integrado por teólogos, liturgistas, pastoralistas e outros especialistas.

175. Finalmente, a Igreja vista hoje como toda ministerial e Cristo, compreendido como Libertador do homem todo, sob a ação do Espírito que a anima, hão de levar o homem todo a novas maneiras de celebrar, na Liturgia, a fé que professamos na vida.

176. *Aculturação*. A criatividade vai além da adaptação que transplanta ou enxerta elementos culturais na Liturgia. Por ela espera-se mais, e quer se chegar a um nível mais profundo que se chama aculturação.

---

[5] Cf. DP 926.

177. De modo geral, aculturação acontece no encontro de duas culturas resultando daí uma síntese ou a dominação de uma pela outra.

Aplicado à Liturgia, o termo designa o processo dinâmico que se desencadeia **quando a fé se** instala nas bases de uma cultura.

Há elementos culturais próprios de cada povo que são compatíveis com a liturgia romana, primeiro porque são isentos de erro e superstição e assim, facilmente, podem ser incorporados por ela; além disso, se a Igreja cultiva os valores das várias nações, não é apenas para atender ao desejo dos povos, mas para secundar as exigências da própria Liturgia.

178. Na medida em que este processo leva à elaboração de novos elementos nos ritos, é preciso aprovação da Conferência Episcopal e da Sé Apostólica[6], pois cabe a essas instâncias garantir o autêntico espírito litúrgico e preservar a unidade substancial do rito romano.

179. *Inculturação*. A inculturação já é processo mais profundo: simplesmente incorpora ritos sociais ou religiosos, dando-lhes sentido cristão, sem desfigurar sua natureza. A própria liturgia romana assim se formou, incorporando, por exemplo, a festa pagã do Sol invicto na celebração do Natal.

180. Por esta inculturação a Liturgia se propõe continuar na História o milagre de Pentecostes quando, sob

[6] Cf. SC 37 a 39.

o impulso do Espírito, multidões entendiam a linguagem única do amor e proclamavam as maravilhas de Deus, expressando-se cada um em sua língua (cf. At 2,4.6).

181. Nas Missões modernas, voltando ao espírito de São Paulo, missionário das nações, a Igreja descobriu na floração dos valores culturais dos povos, as sementes do Verbo presentes no íntimo das pessoas à espera da luz do Evangelho.

182. O Concílio confiou à competência e ao zelo das Conferências Episcopais de todo o mundo a incumbência de estudar com seus peritos os elementos que oportunamente podem ser incorporados na Liturgia. Isto vem ao encontro dos anseios de integrar em nossas celebrações expressões da religiosidade popular.

183. Entre nós os vários grupos étnicos, como os índios, os negros, os orientais, apresentam muitos desses elementos, que já merecem ser inculturados em nossas celebrações, sobretudo nos sacramentos.

X. A PASTORAL LITÚRGICA

184. Uma visão geral da Liturgia abre novos horizontes para a vida da Igreja e não dissimula, mas ressalta os grandes desafios que urge enfrentar.

185. A reflexão que empreendemos tem um objetivo concreto e premente que é a Pastoral litúrgica, ou seja, a ação organizada e corajosa da Igreja para levar o Povo de Deus à participação consciente, ativa e frutuosa na Liturgia.

186. Promover a Liturgia já é ação pastoral pelas dimensões comunitária e ministerial, catequética, missionária, ecumênica e transformadora que ela possui. Ela não esgota toda a ação da Igreja, mas promovendo-a, estamos desencadeando o dinamismo de todas as pastorais, pois a Liturgia é fonte e ápice de toda atividade eclesial[1].

187. Coração e cérebro desta pastoral é a Equipe de Pastoral Litúrgica em nível nacional, diocesano e paroquial. Cabe-lhe com a CNBB, com o bispo ou com o pároco planejar, nos respectivos campos de ação, a Pastoral litúrgica, o que será mais eficiente se continuamente pesquisar a situação real dos que celebram, aprofundar sempre mais seu conteúdo teológico, formar agentes e organizar sua ação.

---

[1] Cf. SC 9 e 10.

188. Estas equipes, grande anseio do Concílio, nós as estamos organizando de modo lento demais face às urgências desta pastoral[2].

189. A grande tarefa destas equipes é dinamizar um processo de formação de todos os participantes da Liturgia, visando, de um lado, que a celebração seja sempre mais expressiva e, de outro lado, o enriquecimento espiritual de todo o povo.

190. É fundamental que os seminaristas se familiarizem com o espírito litúrgico e se preparem bem para presidir as celebrações; para isso importa que os diversos aspectos da formação no seminário encontrem expressão privilegiada nas celebrações litúrgicas, além de observar atentamente a carga horária mínima e o conteúdo programático estabelecido[3]. Assim, a vivência da Liturgia acompanha todas as etapas da vida do formando. É importante que desde o início do seminário tenha uma participação consciente e ativa na Liturgia e aprenda gradativamente a celebrar a Liturgia das Horas. O Ano Litúrgico deve orientar a espiritualidade comunitária do seminário.

191. Que os presbíteros se aprimorem de modo permanente para crescerem na compreensão e animação dos vários ministérios[4], já que para a maioria do nosso povo a celebração da Liturgia é a única evangelização de que participam de fato ao longo de sua vida. E não se es-

---

[2] Cf. SC 44 a 46.
[3] Cf. Doc. da CNBB 30, nº 86 e Est. da CNBB 51, nº 39-40.
[4] Cf. SC 14 e 18.

queça que a Liturgia mal celebrada causa freqüentemente o afastamento dos fiéis. Os presbíteros valorizem, a celebração da Liturgia das Horas, como parte de seu ministério.

192. Os homens e mulheres que assumem funções ou só participam na Liturgia sejam imbuídos do espírito litúrgico, tenham consciência dos mistérios que celebram e sejam capacitados para executar as suas funções[5]; e que os irmãos e irmãs religiosos tenham no programa de seu processo formativo a preocupação de transformarem a Liturgia em fonte da própria espiritualidade e de se tornarem animadores da celebração litúrgica[6], inclusive, participando de cursos promovidos pela CRB e dioceses.

193. A nossa comunidade eclesial caminha na História, interpretando o homem à luz de Cristo na Igreja. Portanto, que a formação litúrgica se aprofunde, estudando o mistério de Cristo e da Igreja. Pois as variações nos enfoques da Cristologia e Eclesiologia determinam maneiras diversificadas de celebrar. A Liturgia tem a tarefa de construir comunidades eclesiais vivas e missionárias.

194. Por outro lado, a pessoa humana que celebra, sendo profundamente marcada pelas circunstâncias históricas, sociais, culturais e políticas, tem naturalmente maneiras diferentes de se expressar. Isso é importante

---

[5] Cf. SC 29 e 30; IGMR, 62-73.
[6] Cf. Est. da CNBB 51, nº 42.

para a Liturgia, que deverá ser sensível às condições da população: se é urbana ou rural, se vive em ambiente secularizado, ou dominada pelos Meios de Comunicação Social[7]. É preciso estudar esta antropologia que dá tão precioso contributo para a formação litúrgica.

195. Tenha-se presente que a grande meta desta formação ampla e profunda é preparar agentes para a aculturação e a inculturação da Liturgia, porque homens e mulheres que vivem as duas realidades, a sócio-cultural e a celebrativa, poderão facilitar a tarefa para os responsáveis por esse processo.

196. É importante, enfim, partir para este enriquecimento da Liturgia, porquanto, precisamos fazer a celebração sempre mais autêntica, mais unida à vida, para transformar a vida toda em oração.

---

[7] Cf. CELAM, *Adaptar a Liturgia*, nº 57.

II PARTE

ORIENTAÇÕES PASTORAIS SOBRE A CELEBRAÇÃO EUCARÍSTICA

197. Tendo em mente o que vimos na I PARTE, vamos agora considerar apenas a *Missa dominical celebrada com o povo*. Esta é a forma de celebração denominada "típica" pela *Instrução Geral sobre o Missal Romano* (cf. nº 77-78). Eventualmente, pela escassez de padres, pode acontecer, especialmente em ambientes rurais, que esta forma, infelizmente, só deva realizar-se em dias de semana.

198. Estas celebrações da comunidade reunida para a Ceia no Dia do Senhor, embora tenham uma unidade fundamental, são muito diferentes, dependendo do lugar e dos grupos de pessoas. Não é o mesmo celebrar no centro da cidade ou na periferia, na capela rural ou numa catedral, com muitos fiéis ou poucas pessoas numa CEB. O mesmo se pode dizer de celebrações no Norte, Nordeste, ou no Extremo Sul. Não se pode deixar de levar em consideração estas particularidades, em conseqüência do princípio: o sujeito da celebração é a Igreja reunida em assembléia, com suas particularidades próprias.

199. É com profundo respeito por esta diversidade da Igreja reunida para a celebração que foram elaboradas as orientações que se seguem. Elas hão de contribuir para uma celebração mais ativa, consciente e frutuosa da Missa na Igreja no Brasil, que quer dar novo ânimo à vida litúrgica.

200. Estas orientações pastorais não substituem a *Instrução Geral sobre o Missal Romano* e demais diretrizes dos Dicastérios Romanos ou as orientações do Epis-

copado. Querem, apenas, sublinhar alguns pontos que parecem mais importantes, interpretando-os à luz da realidade do nosso povo, simples e sedento da Palavra.

201. Queremos incentivar as comunidades a valorizar ainda mais a celebração da Missa e encorajar pastores e Equipes de Pastoral Litúrgica a prosseguirem no esforço de tornar mais evidentes suas riquezas. A celebração da Ceia do Senhor é, de fato, o grande momento da ação do Espírito Santo sobre a comunidade. Nela se realiza o verdadeiro encontro celebrativo de irmãos, num momento comunitário, festivo, participativo e orante, que brota do chão da vida, ao mesmo tempo, ponto de partida e de chegada da vida cristã.

202. Primeiramente se trata de alguns elementos que dizem respeito à Missa em geral, mas do ponto de vista pastoral, complementando as considerações da I PARTE. Em seguida, se abordam, pormenorizadamente, as diversas partes da Missa.

I. A CELEBRAÇÃO DA EUCARISTIA

1. Celebração da Eucaristia e Comunidade

203. Ser cristão é fundamentalmente, pelo Batismo, seguir o caminho de Cristo na vida e entrar como Igreja na caminhada pascal do Senhor. A celebração da Missa, como toda celebração, é sempre tempo especial, que os batizados tomam para fazer o memorial da ação de Deus em favor de seu povo: o que Deus fez ontem, faz hoje e fará sempre. A vida antecede e sucede à celebração, porque celebrar é um momento de nossa vida, mas diferente da labuta cotidiana. Existência cristã e celebração estão intimamente relacionadas, pois a vida precisa de momentos de celebração para ser vivida em Cristo.

204. Com freqüência, porém, no Brasil como em outras partes, sente-se um anseio para que a relacão entre Liturgia e vida apareça melhor na celebração. Ora, na Eucaristia-Páscoa do Senhor, é onde a vida se articula mais com a celebração; pois a Missa é que melhor celebra a Morte e Ressurreição de Cristo, acontecimento fundante não só da Liturgia, mas de toda a História.

205. Celebrar o mistério de Cristo é celebrar Cristo em nossa vida e a nossa vida em Cristo. À luz do mistério pascal, a caminhada do continente latino-americano,

marcado pelo mal e em busca de uma libertação integral, deve ser interpretada como processo pascal. Portanto, não é alheia à celebração.

206. As comunidades, na sua caminhada, saberão como integrar Liturgia e vida. A tradição litúrgica da Igreja lhes apontará outros dois caminhos: a aculturação e a integração dos acontecimentos na celebração.

207. A fidelidade à linguagem litúrgica nos dará segurança no aproveitamento desse terreno novo. Sobretudo na Missa, forma mais freqüente e mais freqüentada de Liturgia, deve transparecer prevalentemente a ação e não só longa comunicação verbal. Uma leitura dramatizada, uma procissão em ritmo de dança estão nessa perspectiva.

A Missa, que sempre comportou os elementos visuais que ajudam a oração, pode hoje beneficiar-se com os modernos recursos, como slaides, posters, vídeos e retro-projetores.

208. A recomendação para dar não só valor, mas "grande valor" ao canto e à música nos leva a insistir neste particular.

Fundamental é que a assembléia se expresse a seu modo e por isso, ela escolha e até, sem excluir outros, componha seus próprios cantos. Para que o povo tenha formação para isso e produza letra e música adequadas à Missa e outras celebrações, é preciso educá-lo. Um subsídio, por exemplo, é o Hinário publicado pela CNBB.

209. Além disso, é necessário ampliar a área do canto, hoje ainda um tanto restrita em nosso meio. A Oração eucarística, nas partes permitidas ou ao menos o Prefácio e a Narração da Instituição; as leituras ou a sua conclusão são um campo quase inexplorado ainda. E as aclamações, pelo seu valor de diálogo, comunicação e participação dos fiéis, devem ter mais incentivo e ser mais variadas: cantos, palmas ou vivas.

210. Os instrumentos musicais disponíveis em cada região podem ser admitidos no culto divino a juízo e com o consentimento do Bispo Diocesano contanto que sejam adequados ao uso litúrgico ou possam a ele se adaptar, condigam com a dignidade do templo e favoreçam realmente a edificação dos fiéis[1].

2. Preparação da Celebração da Eucaristia

211. Todas as recomendações e perspectivas acima lembradas exigem que a Missa não seja uma celebração improvisada ou rotineira, mas preparada com esmero.

212. A Missa renovada pelo Vaticano II é "ação de Cristo e do Povo de Deus hierarquicamente organizado"[2], reunido em assembléia, onde cada um tem o direito e o dever de participar segundo a diversidade de ministérios, funções e ofícios[3].

---
[1] SC 120.
[2] IGMR, 1.
[3] Cf. SC 28.

213. Mas não basta a mera distribuição de tarefas ou a simples escolha de cantos, como muitas vezes ocorre, fazendo o povo ser apenas executor de funções e não verdadeiro agente da ação litúrgica[4].

214. Por isso, é necessário envolver a comunidade de modo mais amplo e mais ativo, por exemplo, na seleção e ensaio dos cantos e na preparação prévia das leituras bíblicas: na escolha de gestos e ritos expressivos, conforme seus costumes, bem como possa sugerir pistas para monições e introduções. Pode ainda colaborar na escolha do rito penitencial, com eventuais questionamentos ou invocações, propondo intenções para a Oração dos fiéis, e até sugestões para a homilia.

215. Sobretudo nesta busca de uma Missa sempre bem preparada, é indispensável ter uma Equipe estável de Pastoral Litúrgica, distinta eventualmente de Equipes de Celebração. Não há evidentemente normas quanto a constituição e ao funcionamento de uma Equipe de Pastoral Litúrgica. As experiências das comunidades são importantes neste ponto. Assim a Equipe de Pastoral Litúrgica é aquela que, de modo estável, se preocupa com a vida litúrgica da comunidade local, que celebra não somente a Eucaristia, mas também os outros sacramentos e sacramentais.

216. A Equipe há de reunir pessoas que tenham dom e capacidade ou que já exerçam ou gostariam de exercer funções específicas na celebração. O ideal é que ela

---

[4] Cf. IGMR, 65-69.

reflita a assembléia na sua diversificação de idades, sensibilidades e engajamentos nas diversas dimensões da pastoral da Igreja. A renovação periódica dos seus membros, para evitar monopólios, cansaço, rotina e permitir efetivamente a participação da comunidade, é muito importante.

217. Quanto às Equipes de Celebração, além de estarem abertas à participação para um número maior e mais variável de pessoas, podem ser constituídas por grupos definidos, sob a orientação da Equipe de Pastoral Litúrgica. A Paróquia terá então a equipe dos jovens, dos casais, das catequistas, do quarteirão, do bairro ou do movimento, que vão se revezando na animação das Missas e dos sacramentos.

218. O padre participará o mais possível da preparação. De qualquer forma, antes da celebração, por exemplo, através de uma folha-roteiro e de um breve encontro, o sacerdote e cada um dos que irão exercer uma função particular, saibam quais os textos, cantos, ritos, orações que lhes competem, "pois a boa ordenação da celebração é importante para a participação de todos"[5].

219. Haverá certamente muitas maneiras de se preparar uma celebração. Indicamos uma, ao lado de outras possíveis:

220. *1º Passo:* situar a celebração no Tempo litúrgico e na vida da comunidade.

---

[5] Cf. IGMR, 313.

1) *Situar a celebração no Tempo litúrgico:* ver o Domingo e o Tempo litúrgico. Por exemplo: IV Domingo da Páscoa, Evangelho do Bom Pastor. No início de um novo Tempo litúrgico será útil aprofundar o sentido do Tempo, discutir algumas características próprias que darão um estilo à sua celebração. Não se celebra do mesmo jeito na Quaresma ou no Tempo pascal.

221. 2) *Situar a celebração na vida da comunidade:* auscultar os acontecimentos que marcam a vida de nossa comunidade que passaram ou que vêm: sociais, religiosos; do dia-a-dia, da comunidade, da região; nacionais, internacionais... Para enraizar a celebração no chão da vida, na história onde nos atinge o mistério de Cristo que celebramos, é bom ver a realidade que marca as nossas vidas.

222. 3) *Ver outros acontecimentos que marcam a celebração:* por exemplo, uma data especial, dia da Bíblia, mês de maio, dia das mães, aniversário do pároco e outros já citados, marcarão a oração dos fiéis, o rito penitencial, a homilia.

223. 4) *Ver com quem se vai celebrar:* o conhecimento da assembléia com suas características próprias, sem esquecer os grupos minoritários, é importante, também, para situar a celebração no tempo e na história.

224. *2º Passo:* Aprofundar as leituras.

Neste segundo passo da preparação lêem-se os textos bíblicos à luz dos acontecimentos da vida e do mistério celebrado (1º passo). Convém iniciar pelo

Evangelho que é a leitura principal do mistério de Cristo celebrado; e, a seguir, a 1ª leitura, o salmo responsorial e a 2ª leitura.

225. Opera-se, então, o confronto entre a Palavra de Deus e a vida ajudado pelas perguntas: o que dizem as leituras? o que significam para a nossa vida? como podem orientar o nosso agir? quais os desafios de nossa realidade hoje? como a palavra de Deus ilumina nossa realidade? como ligamos a Palavra com o mistério celebrado?

226. *3º Passo:* Exercício de criatividade.

À luz dos passos anteriores — vida da comunidade, Tempo litúrgico, Palavra de Deus — procura-se, num exercício de criatividade, fazer surgir idéias, mesmo sem ordem, à maneira de uma tempestade mental. Selecionar depois as idéias a respeito de ritos, símbolos, cantos, para os ritos da entrada, o ato penitencial, o gesto da paz, a proclamação das leituras etc.

227. *4º Passo:* Elaborar o roteiro da celebração, levando em conta os passos anteriores.

Define-se primeiramente o tom da celebração, isto é, o estilo global que convém a uma Missa de Páscoa, ou de 7º Dia, ou com crianças... A seguir, passando em revista as diversas partes da Missa, escolhem-se os cantos, os ritos etc., para cada momento da mesma, registrando tudo numa folha-roteiro, que servirá de guia para os diversos ministros.

228. Aí também se distribuem as tarefas e os serviços; anotam-se coisas a fazer antes da celebração, como cartazes decoração, ensaios etc; e também o que deve ser feito durante a celebração: não só o que fazer, mas quem o faz e quando.

II. AS PARTES
DA CELEBRAÇÃO EUCARÍSTICA

229. A Missa compõe-se das seguintes partes: A) Ritos iniciais; B) Liturgia da Palavra; C) Liturgia Eucarística; D) Rito de Encerramento[1]. É importante que saibamos reconhecer estas diversas partes, que formam a espinha dorsal da celebração, pois é no interior deste esquema fundamental que serão feitas as escolhas que visam a eficácia pastoral.

230. Ao considerar as diversas partes da celebração, sublinhamos apenas aquelas que parecem mais importantes nas circunstâncias pastorais diversificadas da Igreja no Brasil, à luz da caminhada de 25 anos de celebração da Eucaristia, desde o Vaticano II.

1. Ritos iniciais da Missa: formar assembléia, "entrar no clima da celebração".

231.
> O ESQUEMA RITUAL
> Canto de abertura
> Sinal da Cruz, Saudação, Acolhida
> Ato penitencial
> Hino "Glória a Deus"
> Oração do dia
> AMÉM

[1] Cf. IGMR, 24-57.

232. As partes que precedem a Liturgia da Palavra, isto é, introdução eventual à celebração pelo(a) animador(a), "entrada dos ministros, saudação, ato penitencial, Senhor, tende piedade, Glória e Oração do dia (Coleta) têm caráter de exórdio, introdução, preparação"[2]. Por isso mesmo tem grande importância para uma boa celebração.

233. "Esses ritos têm por finalidade fazer com que os fiéis reunidos constituam a comunidade celebrante, se disponham a ouvir atentamente a Palavra de Deus e celebrar dignamente a Eucaristia"[3].

234. Para suscitar estas disposições poderá ser oportuno, sempre segundo as circunstâncias locais, desenvolver ou sublinhar mais um ou outro elemento inicial, evitando acentuar tudo ao mesmo tempo.

235. O *Diretório para Missas com crianças* prevê, para evitar a dispersão, que se possa "omitir um ou outro elemento do rito inicial", exceto a Oração do dia (Coleta) e sem que nenhum seja sempre desprezado[4].

236. Em certas circunstâncias tradicionais, o Missal Romano prevê também a omissão parcial ou total dos ritos iniciais, excetuada a Oração do dia, quando outros ritos precedem e integram a liturgia do dia, por exemplo, no Domingo de Ramos e da Paixão e na Apresentação do Senhor, após a procissão. Nestes casos, os ri-

---

[2] IGMR, 24.
[3] IGMR, 24.
[4] DMCr, 40.

tos de bênção e procissão desempenharão também a função dos ritos iniciais, que é a de constituir a assembléia, bastando a Oração do dia e o Glória, quando previsto. O mesmo poderá dar-se, se oportuno, em certas circunstâncias de nossas comunidades, por exemplo, na Festa do Padroeiro ou encerramento do mês de Maio etc., quando a Missa segue imediatamente a procissão solene. Também no caso de integração da Liturgia das Horas com a Missa, há substituição de ritos iniciais. Nunca há de faltar, no entanto, a Oração do dia (Coleta), que é a mais tradicional forma de abertura de uma celebração.

Entrada

237. Nossas celebrações costumam ser precedidas por breves palavras iniciais do(a) animador(a). Mais do que uma exortação ou de uma introdução temática, é preferível situar a celebração deste Domingo particular no contexto do Tempo litúrgico e das circunstâncias concretas da vida da comunidade; evocar algumas grandes intenções subjacentes à oração, suscitar atitudes de oração e convidar ao início da celebração com o canto da entrada.

238. Enquanto o sacerdote entra com os demais ministros, a assembléia é convidada a levantar-se, para dar início à celebração com o canto da entrada.

A finalidade deste canto é justamente dar início à celebração, criar o clima que vai promover a união orante da comunidade e introduzir no mistério do Tempo litúrgico ou da festa[5]. Por isso, pode ser útil prolongar o tempo deste primeiro canto, para que atinja a sua finalidade.

239. Este canto de abertura acompanha também a entrada do sacerdote e dos ministros[6]. Onde for possível, é conveniente valorizar uma verdadeira procissão de entrada do sacerdote e dos demais ministros, que prestarão um serviço específico na celebração: acólitos, ministros extraordinários da Comunhão, leitores e outros ministros, como, por exemplo, os que vão ler as intenções da Oração dos fiéis, os que vão trazer as oferendas, eventualmente, cantores etc. Estes ministros, oportunamente, tomarão lugar no presbitério.

240. Há possibilidade de uma grande variedade nesta procissão. O Missal Romano[7] prevê, se oportuno, o uso de cruz processional acompanhada de velas acesas, turíbulo já aceso, livro dos Evangelhos ou Lecionário. Outras circunstâncias poderão sugerir novos elementos como círio pascal, água benta, bandeira do padroeiro numa festa de santo, ramos, cartazes com dizeres, participação de representantes da comunidade (adultos, jovens, crianças)[8].

241. A introdução da dança litúrgica na procissão de entrada, onde for conveniente e a juízo e consentimen-

---

[5] Cf. IGMR, 25.
[6] Cf. IGMR, 25.
[7] Cf. IGMR, 82-84.
[8] Cf. DMCr, 34.

to do Bispo Diocesano, poderá ser de grande proveito para criar o clima de celebração festiva da fé.

242. Não havendo nenhuma possibilidade de procissão de entrada, como ocorre freqüentemente em capelas com muita gente, o sacerdote poderá fazer primeiramente a saudação, para convidar, em seguida, o povo a cantar o canto inicial[9].

Saudação ao povo reunido

243. Para saudar o povo reunido, expressando a presença do Senhor nele e o mistério da Igreja[10], o sacerdote é convidado a usar uma fórmula ritual de inspiração bíblica à qual o povo responde com uma fórmula conhecida e sempre a mesma.

Eventualmente, a saudação ritual ganhará mais significado se for cantada.

244. É desejável que após esta saudação ritual haja uma palavra mais espontânea de introdução do sacerdote ou de outro ministro idôneo[11].

Uma sadia criatividade saberá desenvolver com fruto diversas inovações possíveis como: saudação espontânea aos presentes, em particular aos visitantes ou

---

[9] Podemos encontrar apoio para esta posição no fato de que quando não há canto à entrada, o sacerdote lê a antífona proposta pelo Missal após a saudação (cf. IGMR, 26).
[10] Cf. IGMR, 28.
[11] Cf. IGMR, 29 e 86.

novos membros da comunidade que se apresentam; a categorias específicas, conforme as circunstâncias (jovens, casais, mães etc.), seguida eventualmente por um breve canto de boas vindas. A motivação para a celebração pode incluir intenções da assembléia, ou acontecimentos a comemorar à luz do mistério pascal. Oportunamente, gestos da assembléia poderão intervir, por exemplo, acolher-se mutuamente através de saudações aos vizinhos, bater palmas, dar vivas em honra do Cristo Ressuscitado, a Nossa Senhora, ao Padroeiro(a) em dia de festa etc.

245. Em tudo isso, trata-se de ajudar a criar um ambiente acolhedor, fraterno e formar uma verdadeira comunhão na fé, usando de discernimento e variedade, conforme as circunstâncias do Tempo litúrgico, de lugar e de cultura.

Ato penitencial

246. "Em seguida, o sacerdote convida ao ato penitencial, realizado então por toda a comunidade, por uma confissão geral, sendo concluído com a absolvição geral"[12].

247. Geralmente, entre nós, o ato penitencial é um momento importante da celebração, valorizado por uma sadia criatividade. Muito bem acolhido em nossas comunidades, tem como função preparar a assembléia para

---

[12] IGMR, 29.

"ouvir a Palavra de Deus e celebrar dignamente os santos mistérios"[13].

248. Além de celebrar a misericórdia divina, duas atitudes básicas podem ser sublinhadas: o reconhecer-se pecador, culpado e necessitado de purificação, na atitude do publicano descrita em Lucas 18,9-14, e o reconhecer-se pecador como expressão de "temor" diante da experiência do Deus Santo e Misericordioso, a exemplo de Pedro, conforme Lucas 5,8 e Isaías 6,1-7. De acordo com as circunstâncias, pode-se acentuar um ou outro aspecto.

249. O Missal Romano prevê o seguinte esquema:

> Introdução do rito pelo sacerdote
> momento de silêncio
> fórmulas várias para reconhecer-se pecador:
> a) Confesso a Deus (Ato de contrição)
> b) Versículos: Tende compaixão...
> c) Forma litânica: invocação à escolha e resposta: Senhor, tende piedade...
> Conclusão: absolvição geral

250. Temos, pois, os seguintes elementos: a) introdução pelo sacerdote; b) parte central do rito, que permite a intervenção de outros ministros que não sejam o sacerdote; c) conclusão com a absolvição geral, onde o

---
[13] Cf. IGMR 24 e Rito Penitencial, nº 3.

sacerdote também se inclui para deixar claro que não se trata do sacramento da Penitência.

Todo o rito, por sua vez, pode ser substituído pelo Rito da Bênção e Aspersão da água[14].

O ponto central do rito comporta, além de um tempo de silêncio, fórmulas diversas de reconhecer-se pecador: 1) Ato de contrição (Confesso a Deus); 2) Versículos: Tende compaixão...; 3º Forma litânica com invocações à escolha e resposta: Senhor, tende piedade de nós.

251. Este esquema, respeitando o espírito da variedade, poderá ser usado com grande flexibilidade. Um ministro que não seja o sacerdote poderá orientar o momento de silêncio com um exame de consciência para cada um olhar a sua vida e deixar que Deus olhe o seu coração ou orientar as invocações livres do "Senhor, tende piedade"[15].

252. Existe a possibilidade de o rito penitencial integrar ou ser complementado por cantos populares de caráter penitencial, refrões variados, atitudes corporais (inclinar-se, ajoelhar-se, erguer as mãos em súplica, bater no peito, fechar os olhos, colocar a mão no coração etc.), símbolos (objetos ou gestos), bem como de elementos visuais (cartazes, slaides...) que se julgarem mais aptos para externar os sentimentos de penitência e de conversão.

---

[14] Cf. *Missal Romano,* Apêndice.
[15] Cf. Missal Romano, Ordinário da Missa, nº 3.

253. Os tempos penitenciais como a Quaresma e outros, quando não se canta o Glória, serão mais propícios para um rito penitencial mais desenvolvido, de acordo com a pedagogia do Ano litúrgico, permitindo assim maior variedade.

254. Embora se deva educar a consciência moral, cuidar-se-á para não se cair nem no perigo do moralismo nem no de acusação aos outros nem ainda no psicologismo aético; devem ser valorizadas sobretudo as dimensões teológicas, experienciais e libertadoras do amor de Deus e da reconciliação.

255. O rito penitencial bem realizado pode tornar-se um lugar importante para o ministério pastoral da educação ao senso do pecado pessoal, comunitário, social e do ministério da reconciliação de toda a Igreja, que encontra o seu ápice de sacramentalidade no Batismo e na Penitência.

Kyrie eleison — Senhor, tende piedade

256. De vez em quando convém valorizar o "Senhor, tende piedade" em si, sem ser integrado no rito penitencial, como "canto em que os fiéis aclamam o Senhor e imploram a sua misericórdia"[16], a sua atenção. É uma aclamação pela qual podemos louvar o Senhor Jesus pelo perdão, por "olhar por nós" na sua misericórdia.

[16] IGMR, 30.

Glória

257. O Glória é um hino antiquíssimo e venerável, pelo qual a Igreja glorifica a Deus Pai e ao Cordeiro. Não constitui uma aclamação trinitária.

Oração do dia (Coleta)

258. "A seguir o sacerdote convida o povo a rezar; todos conservam-se em silêncio com o sacerdote por alguns instantes, tomando consciência de que estão na presença de Deus e formulando interiormente os seus pedidos"[17].

259. Se os ritos anteriores tiveram bastante dinamismo, é fácil para o sacerdote motivar com poucas palavras o povo para uma oração silenciosa de alguns instantes. Será um verdadeiro momento de recolhimento profundo, onde se experimentará a presença de Deus que fala nos corações.

260. A oração presidencial, a seguir, rezada pelo sacerdote reassumindo em Cristo toda a oração do povo, exprime em geral a índole da celebração. O tom de voz e a maneira de rezar, o gesto de mãos abertas, que o povo, eventualmente, poderia acompanhar, uma palavra melhor explicitada, ajudarão a fazer deste momento o lugar de uma verdadeira súplica a Deus Pai, expressão de sua vida e de sua experiência religiosa[18].

---

[17] IGMR, 32.
[18] Cf. DMCr, 51, nota 44.

261. A coleção das Orações do dia (Coletas), as Orações sobre as oferendas e Depois da Comunhão do Missal Romano constituem um acervo de valor teológico inestimável. Nem sempre, no entanto, a sua linguagem e conteúdo correspondem às sensibilidades culturais de nosso tempo. Por isso, na 2ª edição típica do Missal Romano a ser aprovada pela Sé Apostólica, a CNBB oferece uma tradução mais popular dessas orações dos domingos, e uma série de Orações do dia alternativas para cada um dos domingos dos Anos A, B e C, inspiradas no Evangelho do dia.

2. Liturgia da Palavra: Celebrar a Palavra.

262. Resumindo, a Liturgia da Palavra da Missa é constituída a) pelo anúncio da Palavra (organização das leituras, incluindo o Salmo), b) sua atualização na homilia e c) a resposta à Palavra no Creio e na Oração dos fiéis.

```
Deus fala              seu povo reunido responde
1ª leitura
Antigo Testamento e Atos dos Apóstolos
<............................................... o sal-
mo
2ª leitura
Epístolas e Apocalipse
...............................................> Acla-
mação
Evangelho
<............................................... Acla-
mação
<...............homilia...............>
                       Creio
                       Oração dos fiéis
                       AMÉM
```

A Liturgia da Palavra é um diálogo entre Deus e o seu Povo.

O desafio da Liturgia da Palavra

263. A experiência nos mostra que celebrar a Palavra de Deus não é fácil. Apesar de o nosso povo gostar da Bíblia, muitas vezes a Liturgia da Palavra aparece como uma sucessão enfadonha de leituras e comentários enfi-

leirados um após outros; em conseqüência, cai-se facilmente no discurso catequético, moralizador, doutrinal, ideológico.

264. Além disso é difícil deixar claro que a Palavra de Deus é antes de tudo um *Eu* que se dirige ao *Tu* do seu povo reunido dialogicamente; e mais ainda, que neste diálogo a Palavra é, efetivamente, Palavra eficaz do Deus libertador que cria vida nova.

265. Mas duas experiências bem sucedidas mostram caminhos possíveis. O primeiro refere-se às CEBs ou outros grupos mais homogêneos, que conseguiram uma maior partilha da Palavra no confronto entre Bíblia e vida das comunidades ou grupos. O segundo caminho, na linha da tradição romana e mais adequado aos grandes grupos, acentua certos ritos, que não são necessários nos grupos anteriores. A Liturgia da Palavra, comporta ações simbólicas como gestos, elementos visuais, música etc.

As leituras

266. "A parte principal da Liturgia da Palavra é constituída pelas leituras da Sagrada Escritura e pelos cantos que ocorrem entre elas, sendo desenvolvida e concluída pela homilia, a profissão de fé e a oração universal ou dos fiéis"[19].

---

[19] IGMR, 33.

267. As leituras podem ser introduzidas com breves palavras, aptas a prender a atenção dos ouvintes e a facilitar a compreender o texto. Nunca se substitua a proclamação da Palavra de Deus por qualquer outra leitura.

Quanto ao modo de proclamar as leituras, em textos mais longos, pode-se distribuir entre os diversos leitores, tal como para a proclamação da Paixão do Senhor na Semana Santa[20]. Tenha-se sempre o cuidado de preparar os leitores para que possam desempenhar digna e convenientemente o seu ministério.

268. Nunca se omita a proclamação do texto bíblico, embora este possa, a seguir, ser recontado, parafraseado ou dramatizado por um ou mais dos presentes, sob a responsabilidade de quem preside.

269. "Para os domingos e solenidades estão marcadas três leituras, isto é, do Profeta, do Apóstolo e do Evangelho, que levam o povo fiel a compreender a continuidade da obra da salvação, segundo a admirável pedagogia divina. Portanto, é muito desejável que estas três leituras sejam realmente feitas; contudo, por motivos de ordem pastoral e decisão da Conferência Episcopal, pode-se permitir em algumas regiões o uso de apenas duas leituras"[21].

De fato, a CNBB, na XI Assembléia Geral em 1970 decidiu que, por motivos pastorais, possam ser

---

[20] Cf. DMCr, 47.
[21] Cf. IGMR, 318.

feitas duas leituras apenas na celebração, mantendo-se sempre o texto do Evangelho. Para a escolha eventual entre as duas primeiras leituras atente-se para o maior fruto dos fiéis. "Jamais se escolha um texto unicamente por ser mais breve ou mais fácil"[22].

270. A proclamação do Evangelho deve aparecer como ponto alto da Liturgia da Palavra. A tradição romana sempre valorizou com ritos expressivos tanto o Livro dos Evangelhos quanto a sua proclamação: Procissão do livro e canto de aclamação, persignação, incensação, leitura ou canto solene, beijo do livro, aclamações antes e depois da leitura[23].

271. Convém que nas nossas comunidades, conforme as circunstâncias específicas, encontremos, dentro da variedade de gestos possíveis, ritos que permitirão valorizar e realçar o próprio Livro dos Evangelhos e a sua proclamação solene. Por isso, evitar-se-á usar simples folhetos para a proclamação das leituras da Palavra de Deus.

272. Não faltarão, onde for possível, antes da proclamação do Evangelho um verdadeiro canto de aclamação e "após o Evangelho, a aclamação do povo segundo o costume da região"[24], oportunamente cantada e acompanhada de gestos, cantos, vivas etc.

272. Poder-se-ia em certos lugares valorizar por uma procissão a busca ou entrada do Livro dos Evangelhos,

---

[22] IGMR 318.
[23] Cf. IGMR, 35.
[24] IGMR, 95.

a não ser que se tenha feito no início da liturgia da Palavra ou no rito da Entrada.

Salmo responsorial

274. Entre as leituras cante-se um salmo que favoreça a meditação da palavra escutada, sobretudo quando é brevemente salientada esta sua função. Este salmo responsorial, Palavra de Deus, é parte integrante da Liturgia da Palavra e seu texto acha-se diretamente ligado à respectiva leitura[25]. Onde não for oportuno proferir o salmo do dia, sobretudo se cantado, pode-se recorrer a outro salmo adequado. Podem-se cantar refrões de caráter popular apropriados em lugar do refrão do salmo. Dar-se-á sempre preferência à escolha de um salmo em lugar de outro canto de meditação, pois importa superar aos poucos o costume de se cantar aqui outro canto religioso que não seja salmo. A Missa é para os cristãos leigos quase o único lugar onde podem descobrir a riqueza inesgotável dos salmos.

Homilia

275. Diferente do sermão ou de outras formas de pregação, a homilia (que significa conversa familiar) é parte integrante da Liturgia da Palavra e, como tal, fica

---

[25] Cf. IGMR, 36.

reservada ao sacerdote ou ao diácono[26]. É de desejar que haja homilia também nas celebrações em dia de semana.

276. É função da homilia atualizar a Palavra de Deus, fazendo a ligação da Palavra escutada nas leituras com a vida e a celebração. É importante que se procure mostrar a realização da Palavra de Deus na própria celebração da Ceia do Senhor. A homilia procura despertar as atitudes de ação de graças, de sacrifício, de conversão e de compromisso, que encontram sua densidade sacramental máxima na Liturgia eucarística.

277. Os fiéis, congregados para formar uma Igreja pascal, a celebrar a festa do Senhor presente no meio deles, esperam muito dessa pregação e dela poderão tirar fruto abundante, contanto que ela seja simples, clara, direta e adaptada, profundamente aderente ao ensinamento evangélico e fiel ao magistério da Igreja[27]. Para isso é necessário que a homilia seja bem preparada, relativamente curta e procure prender a atenção dos fiéis.

278. Onde for possível, convém que a homilia seja preparada em equipe com a participação de alguns cristãos leigos para que se possa levar em conta não só "o mistério celebrado, como as necessidades particulares dos ouvintes"[28].

279. Onde for oportuno, convém que a homilia procure despertar a participação ativa da assembléia, por meio do diálogo, aclamações, gestos, refrões apropriados.

---

[26] CIC, cân. 767, §1.
[27] Cf. DP 930 e 943.
[28] Cf. IGMR, 41.

Ainda, segundo as circunstâncias, o sacerdote poderá convidar os fiéis a dar depoimentos, contar fatos de vida, expressar suas reflexões, sugerir aplicações concretas da Palavra de Deus. E finalmente, fazer algumas perguntas sobre o que falaram as leituras, como elas iluminam a nossa vida; e até que ponto a celebração da Eucaristia a realiza[29].

280. Conforme o caso a dramatização da Palavra, discreta e permitida pela Liturgia, poderá ser excelente complementação da homilia, sobretudo nas comunidades menores e mais simples.

O Símbolo ou Profissão de fé

281. "O Símbolo ou Profissão de fé, na Missa, tem por objetivo levar o povo a dar o seu assentimento e resposta à Palavra de Deus ouvida nas leituras e na homilia, bem como recordar-lhe a regra da fé antes de iniciar a celebração da Eucaristia"[30].

282. Além do *Símbolo niceno-constantinopolitano,* que deveria ser usado mais freqüentemente, é muito útil para as celebrações com o povo o Símbolo dos apóstolos na sua forma direta ou, em casos especiais, na forma dialogada, como ocorre no rito do Batismo, no dia da Crisma e na Vigília Pascal. Eventualmente refrões cantados e adequados podem integrar sua recitação. É um abuso

---

[29] Cf. DMDR, 24.
[30] IGMR, 43.

substituir o Creio por formulações que não expressam a fé como é professada nos símbolos mencionados.

Oração universal ou dos fiéis

283. A *Oração dos fiéis* ou Oração universal, de modo geral, tornou-se nas comunidades um momento bom, variado e de bastante participação, "onde o povo, exercendo a sua função sacerdotal, reza por toda a humanidade"[31].

284. Na formulação das intenções, sem negligenciar a abertura para os grandes problemas e acontecimentos da Igreja universal, dar-se-á espaço para as necessidades mais sentidas pela comunidade; convém estimular a formulação de preces diretamente pelo povo, especialmente, em grupos menores. Dar-se-á oportunidade, por exemplo, na última intenção a que todos possam colocar suas intenções, rezando ao mesmo tempo em silêncio. É bom que se eduquem os fiéis sobre o sentido comunitário da oração, evitando-se intenções de caráter meramente pessoal ou em número tão elevado que prejudique o ritmo da celebração.

285. É conveniente uma maior criatividade para as respostas, que serão, oportunamente, cantadas.

Ao sacerdote cabe introduzir e concluir a Oração dos fiéis[32].

[31] IGMR, 46.
[32] Cf. IGMR, 47.

3. Liturgia Eucarística: Celebrar a Ceia pascal.

286. Celebrando o memorial do Senhor, a Igreja, na Liturgia eucarística, faz o mesmo que Cristo fez na última Ceia.

ÚLTIMA CEIA	LITURGIA EUCARÍSTICA
Ele tomou o pão... o cálice	= Preparação das oferendas
deu graças	= Oração eucarística
partiu o pão	= Fração do pão
e deu	= Comunhão

287. De fato:

1) *Tomou o pão, o cálice*. Na *preparação das oferendas* levam-se à mesa do altar o pão, o vinho e a água, isto é, aqueles elementos que Cristo tomou em suas mãos;

2) *Deu graças*. Na Oração eucarística rendem-se graças a Deus por toda a obra salvífica e as oferendas tornam-se Corpo e Sangue de Cristo;

3) *Partiu o pão*. Pela fração do mesmo pão manifesta-se a Unidade dos fiéis.

4) *Deu:* Pela comunhão os fiéis recebem o Corpo e o Sangue do Senhor como os apóstolos o receberam das mãos do próprio Cristo[33].

---

[33] Cf. IGMR, 56j 48.

288. Cuidar-se-á, na catequese e na pregação para que os fiéis possam facilmente reconhecer esta estrutura fundamental da Liturgia eucarística.

3.1. Preparação das Oferendas: Ele tomou o pão, ele tomou o cálice.

289. "No início da Liturgia eucarística são levadas ao altar as oferendas, que se converterão no Corpo e Sangue de Cristo"[34].

290. No conjunto da celebração, após a Liturgia da Palavra e antes de iniciar-se a Oração eucarística, a preparação das oferendas representa um momento de pausa, de descanso para a assembléia, um momento visual. Por isso, convém tomar o tempo necessário de maneira que a Oração eucarística, a seguir, tenha um destaque melhor, como retomada do diálogo.

291. Prepara-se a mesa condignamente e trazem-se as oferendas. Neste momento, o sacerdote pode assentar-se. É conveniente que membros da própria assembléia participem da preparação desta mesa e levem em procissão as oferendas do pão e do vinho para o sacrifício eucarístico. "Embora os fiéis já não tragam de casa, como outrora, o pão e o vinho destinados à Liturgia, o rito de levá-los ao altar conserva a mesma força e significado espiritual"[35].

---

[34] IGMR, 49.
[35] IGMR; 49; cf. nº 101.

292. "Também são recebidos o dinheiro ou outros donativos oferecidos pelos fiéis para os pobres ou para a igreja ou recolhidos no recinto da mesma; serão, no entanto, colocados em lugar conveniente, fora da mesa eucarística"[36]. Onde for possível, pode ser mais expressivo que todos possam aproximar-se para depositar a sua oferta em lugar adequado. As ofertas da assembléia fazem parte da ação litúrgica. Por isso não devem ser abolidas.

293. Em certas ocasiões a procissão tornar-se-á mais expressiva se levar também para junto do altar ofertas simbólicas alusivas à comemoração realizada naquele dia ou a algum aspecto da vida da comunidade. Os cristãos, outrora, para expressar a sua participação no sacrifício eucarístico, eram muito sensíveis à oferta do pão, do vinho e de dádivas para os pobres. Hoje, uma nova sensibilidade simbólica nos faz atentos ao fato de que o pão e o vinho, que o Senhor usou na Ceia, são frutos da *terra* e do *trabalho* de homens e mulheres[37]. Portanto, outros frutos e instrumentos do mesmo trabalho podem ser aqui apresentados.

294. O ofertório verdadeiro realiza-se na Oração eucarística, após a Narrativa da Instituição ou Consagração, no momento da oblação do Corpo e Sangue de Cristo. "Por ela a Igreja, em particular, a assembléia reunida oferece ao Pai, no Espírito Santo, a hóstia imaculada;

---

[36] IGMR, 49.
[37] Cf. Doc. da CNBB 40, *Igreja: Comunhão e Missão*, nº 265.

ela deseja, porém, que os fiéis não apenas ofereçam a hóstia imaculada, mas aprendam a oferecer a si próprios, e se aperfeiçoem, cada vez mais, pela mediação de Cristo, na união com Deus e com o próximo, para que finalmente Deus seja tudo em todos"[38].

295. A oferta apresentada na hora da apresentação das oferendas é, ao nível do simbólico, uma antecipação daquela oblação e deve significar as pessoas entregando-se a Deus através de suas ofertas "em" Cristo. Oferecer os frutos da terra e do trabalho, que de Deus recebemos, é um gesto de amor, uma maneira de reconhecer que ele é nosso Pai[39].

296. O *canto* do ofertório, se houver, acompanha a procissão das oferendas e se prolonga pelo menos até que os dons tenham sido colocados sobre o altar[40]. O canto não deve necessariamente falar de ofertas, mas pode recordar a vida do povo de modo condizente com o ato litúrgico ou simplesmente harmonizar-se com a celebração do mistério do dia de acordo com a tradição.

297. O ofertório pode ser momento propício para valorizar gestos da assembléia. Onde expressões corporais forem bem aceitas poderão ser admitidas na procissão das ofertas.

---

[38] IGMR, 55f.
[39] Cf. *Missal Romano*, Ordinário da Missa, nº 22-25.
[40] Cf. IGMR, 50.

3.2. A Oração eucarística: Ele deu graças.

298. Uma iniciação à Eucaristia ajudará a perceber que a *Oração eucarística* forma um todo, que comporta diversos elementos:

Estrutura da prece eucarística
Diálogo inicial
Prefácio — SANTO
Epiclese (invocação do Espírito Santo)
Narrativa da Instituição — Consagração
Anamnese (memorial) e Oblação
Epiclese de comunhão
Intercessões
Doxologia final
AMÉM

---

299. Portanto esta venerável oração contém:

a) O Prefácio (no sentido aqui de proclamação pública) expressa a *ação de graças,* o *louvor a Deus* por toda a *obra da salvação* ou por um de seus aspectos, e termina com b) a aclamação do Santo. c) Segue então a *Epiclese* ou invocação do Espírito Santo sobre os dons, d) a *narração da instituição* ou consagração, que Cristo encerrou, dizendo: Fazei isto em *memória* de mim; e) por isso, segue a *anamnese* ou oração da memória de Cristo que leva à f) *oblação* pela qual a Igreja reunida, realizando essa memória, oferece ao Pai, no Espírito Santo, a "hóstia imaculada" e se oferece a si mesma a Cristo; g) *epiclese de comunhão*, pois o Espírito é quem congrega na unidade da Igreja, Corpo místico de Cristo; h) vêm então as *intercessões* pelas quais se expressa que a Eucaristia é celebrada em comunhão com toda a Igreja, tanto celeste como terrestre e por todos os membros vivos e falecidos; i) A *doxologia final* (glorificação de Deus) será cantada ou pronunciada só pelo presidente e confirmada e concluída pelo "AMÉM" do povo[41].

300. Sendo memorial de Cristo, a Eucaristia não consiste apenas em renovar os gestos da Ceia, mas também em renovar os gestos de Cristo na páscoa de sua vida, morte e ressurreição: louvor ao Pai a partir das circunstâncias de nossa Igreja caminhante, oferecer o sacramento memorial do sacrifício de Cristo, mas ao mesmo tempo oferecer-nos a nós mesmos na nossa páscoa, páscoa de Cristo na páscoa da gente, páscoa da gente na páscoa de Cristo.

301. Antes de iniciar o *Prefácio*, lembrando o que foi anunciado na Palavra, o presidente da celebração pode chamar a atenção de todos para o acontecimento central da Missa, que torna presente o sacrifício de Cristo na Ceia eucarística[42] e a participação dos fiéis na mesma.

---

[41] Cf. IGMR, 55.
[42] Cf. IGMR, 11.

Este também pode ser um dos momentos oportunos para recordar os motivos de ação de graças da comunidade e uni-los à grande ação de graças da Igreja, a Eucaristia[43].

302. Dentre o leque de Prefácios e Orações eucarísticas, constantes do Missal, é importante que sejam escolhidos os que mais se adaptem à celebração do dia e à comunidade.

303. A Oração eucarística é "centro e cume de toda a celebração"[44]. Não basta, porém, afirmá-lo; é preciso que, de fato, no conjunto da Missa se reze de tal modo esta Oração que ela apareça como momento alto do Santo Sacrifício. Além da escolha da Prece mais apropriada, é importante o modo de o presidente proferir a Oração, procurando a maior comunicação possível e a participação da assembléia através das aclamações. Sendo celebração, procurar-se-à valorizar todos os elementos simbólicos que, pela sua natureza, podem contribuir para realçar este momento da celebração: o canto, os gestos, a voz e as atitudes do sacerdote, dos ministros e da assembléia e, se oportuno, o uso tradicional de campainhas, sinos, incenso etc.

304. Como já notamos, é particularmente importante valorizar o canto, tanto por parte do sacerdote (Prefácio, Narração da Instituição, Anamnese, Doxologia final), quanto nas partes da assembléia: Santo, Aclamações

---

[43] Cf. IGMR, 11 e DMCr, 22.
[44] Cf. IGMR, 54.

diversas, segundo as Orações eucarísticas, aclamação do *Amém* final.

305. Considerando que as aclamações constituem uma forma de participação ativa da comunidade na grande Oração eucarística de quem preside, convém valorizar tais aclamações conforme a índole do povo. Para intensificar essa participação ativa do povo, as aclamações sejam de, preferência, cantadas e oportunamente acompanhadas de gestos.

306. Convém que se valorize da melhor maneira possível, em particular o *Amém* conclusivo da Oração eucarística, por exemplo, enfatizando-o através do canto, da repetição ou de outro modo.

3.3 Os ritos da Comunhão: Ele partiu o pão e o deu; tomai, comei; tomai, bebei.

307.

> Introdução ao
> - PAI NOSSO
>   Livrai-nos... (embolismo)
>   Vosso é o Reino (doxologia)
>   Oração pela Paz
>   Que a paz do Senhor...
>   Gesto de paz
> - FRAÇÃO DO PÃO
>   + canto: Cordeiro de Deus:
> - CONVITE À COMUNHÃO: Felizes
>   Apresentação: Eis o cordeiro
>   "Senhor, eu não sou digno..."
>   *Comunhão* (+ canto)
>   interiorização
> - ORAÇÃO após a Comunhão
>   AMÉM

308. "Terminada a Oração eucarística, seguem-se sempre o Pai-nosso, a Fração do Pão e o convite para a Comunhão, pois estes elementos são de grande importância na estrutura desta parte da Missa"[45].

[45] DMCr, 42.

309. Sendo a Celebração eucarística a Ceia pascal, convém que, segundo a ordem do Senhor, o seu Corpo e Sangue sejam recebidos como alimento espiritual pelos fiéis, devidamente preparados. Esta é a finalidade da Fração do Pão e dos outros ritos preparatórios, pelos quais os fiéis são imediatamente encaminhados à Comunhão"[46].

310. O *Pai-nosso*, sobretudo quando cantado, é especialmente apto para estimular o sentimento de fraterna solidariedade cristã. Este sentimento pode, além disso, ser expresso por gestos, desde que se harmonizem com os gostos e costumes do povo. Por ser a *Oração que o Senhor nos ensinou,* não deve ser nunca substituída por outros cantos, parafraseando o Pai-nosso, que poderão, no entanto, ser aproveitados em outros momentos.

311. *O rito da paz.* "Neste rito, os fiéis imploram a paz e a unidade para a Igreja e toda a família humana e exprimem mutuamente a caridade antes de participar do mesmo pão"[47].

312. Espontaneamente as nossas comunidades acolheram e perceberam o rito da saudação da paz como momento de confraternização alegre em Cristo. É momento privilegiado para realçar o compromisso da comunicação da paz a todos indistintamente. Paz recebida como dom.

---

[46] IGMR, 56.
[47] IGMR, 56b.

313. Seria conveniente não realizar o rito da paz sempre da mesma maneira, mas, pelo contrário, usar da criatividade e variar. Por exemplo, a saudação poderá ser simplificada ou omitida por completo nos tempos penitenciais; ela será realçada, pelo contrário, em tempos de festa.

Ocasionalmente, o gesto facultativo da saudação poderá ser realizado em outro momento da celebração: por exemplo nos ritos de entrada da Missa, como saudação fraterna; no ato penitencial em sinal de reconciliação; após a homilia ou antes da apresentação das oferendas, também como, perdão das ofensas ou, se deixado para o fim da Missa, como gesto de despedida ou cumprimento (pêsames, parabéns etc.).

314. *"Eles o reconheceram na fração do pão"*. "O gesto de *partir o pão,* realizado por Cristo na última Ceia, deu nome à toda a Ação eucarística na época apostólica; este rito possui não apenas uma razão prática, mas significa que nós, sendo muitos, pela comunhão do único Pão da Vida, que é o Cristo, formamos um único corpo"[48].

315. Para de novo realçar o gesto de partir o pão e o seu significado é conveniente que a "matéria da Celebração eucarística pareça realmente um alimento... e que o sacerdote possa, de fato, partir a hóstia em diversas partes e ditribuí-la ao menos a alguns fiéis"[49]. Na estru-

---

[48] IGMR, 56c.
[49] IGMR, 283.

tura da Ceia, é aqui o lugar próprio da fração como gesto ritual de fazer o que Cristo fez e não durante a Narrativa da Instituição (Consagração).

316. Durante a fração, o povo canta ou diz o "Cordeiro de Deus", entoado pela assembléia. A saudação da paz não deve ofuscar a importância deste momento do rito.

317. É conveniente igualmente "usar uma única patena de maior dimensão, onde se coloque tanto o pão para o sacerdote como para os ministros e fiéis"[50].

318. "A *Comunhão* realiza mais plenamente o seu aspecto de sinal quando sob as duas espécies. Sob esta forma manifesta-se mais perfeitamente o sinal do banquete eucarístico e se exprime de modo mais claro a vontade divina de realizar a nova e eterna Aliança no Sangue do Senhor, assim como a relação entre o banquete eucarístico e o banquete escatológico no reino do Pai"[51].

319. Por isso, dever-se-ia fazer esforço necessário para que "os fiéis recebam o Corpo de Cristo em hóstias consagradas na mesma Missa enquanto possível, e participem do cálice pelo menos nos casos previstos"[52]. Seria recomendável que participassem do cálice os "ministros que desempenham uma função na Missa"[53]; para os casos previstos confira-se a Instrução Geral sobre o

[50] IGMR, 293.
[51] IGMR, 240.
[52] Cf. IGMR, 56h.
[53] Cf. IGMR, 242,7.

Missal Romano, n.242, de 1 a 14, aos quais se acrescenta por lei universal da Missa da Vigília pascal[54]. É também permitido que os Ordinários possam estabelecer casos particulares[55].

320. A distribuição da Comunhão sob duas espécies exige cuidados especiais, conforme as circunstâncias locais. As instruções litúrgicas insistem que apareça claramente, através da pessoa de um ministro que preside a distribuição, o sinal de Cristo que na Ceia "dá" a seus discípulos, em comunhão, o seu Corpo entregue, o seu Sangue derramado[56]. Por isso, a comunhão deve ser sempre recebida da mão do ministro. Os pastores tenham o cuidado de orientar os fiéis sobre a Comunhão na mão.

321. O sacerdote é o ministro ordinário não só da consagração, mas também, juntamente com o diácono, da distribuição da Comunhão.

322. "Enquanto o sacerdote e os fiéis recebem o Sacramento, entoa-se o Canto da Comunhão, que exprime, pela unidade das vozes, a união espiritual dos comungantes, demonstra a alegria dos corações e torna mais fraterna a procissão dos que vão receber o Corpo de Cristo. O canto começa quando o sacerdote comunga, prolongando-se oportunamente, enquanto os fiéis rece-

---

[54] Cf. Carta da Congregação para o Culto Divino, *Preparação e Celebração das Festas Pascais*, nº 92, *Doc. Pont.* 224, Vozes 1989.
[55] Cf. IGMR, 242,14.
[56] Cf. Instrução *Inaestimabile Donum*, nº 9.

bem o Corpo de Cristo[57]. Durante a Comunhão há lugar também para um fundo de música instrumental, concluído o canto.

323. *Interiorização após a Comunhão.* "Terminada a distribuição da Comunhão, se for oportuno, o sacerdote e os fiéis oram por algum tempo em silêncio, podendo a assembléia entoar ainda um hino ou outro canto de louvor"[58].

324. É particularmente útil deixar espaço após a distribuição da Comunhão para um momento de interiorização. Segundo as circunstâncias, será orientado por quem preside ou outro ministro.

325. Este poderá ser nas comunidades outro momento de grande flexibilidade, usado como criatividade: silêncio, meditação, oração, canto, visando um aprofundamento do mistério celebrado etc. Em geral, as Antífonas da Comunhão do Missal, recebidas da tradição, retomam uma frase central do Evangelho ou do mistério do dia. Elas nos fornecem assim uma indicação precisa quanto à maneira de como pode ser apresentada e aprofundada a Comunhão eucarística à luz da Palavra de Deus.

326. A *Oração presidencial após a Comunhão,* na qual se "imploram os frutos do mistério celebrado", aparecerá facilmente como conclusão deste momento de interiorização. "O sacerdote... recita a Oração depois da

---

[57] IGMR, 56h.
[58] IGMR, 56j; cf. tb. 121.

Comunhão, que pode ser precedida de um momento de silêncio, a não ser que já se tenha guardado silêncio após a Comunhão"[59]. A Oração depois da Comunhão constitui propriamente a conclusão do rito da Comunhão e de toda a Missa. Por meio dela estabelece-se a relação entre a Celebração eucarística e a vida eucarística do cristão.

4. Ritos finais da Missa: A despedida.

327. "Terminada a Oração depois da Comunhão, podem ser feitas, se necessário, breves comunicações ao povo"[60].

Os avisos que dizem respeito à vida da comunidade serão dados, de preferência, pelas próprias pessoas que estão ligadas a tais iniciativas, sob a responsabilidade de quem preside. Não se omitirão comunicações sobre atividades de outras comunidades e da Igreja universal.

328. Este parece ser também o momento mais adequado para as breves homenagens, que as comunidades gostam de prestar em dias especiais antes de se dispersarem.

---

[59] Cf. IGMR, 56k e 122.
[60] IGMR, 123.

329. Eventualmente, antes de encerrar-se a celebração, será útil uma mensagem final, na qual se exorte a comunidade a testemunhar pela vida a realidade celebrada[61].

330. Um canto final, se parecer oportuno, embora não previsto no Missal, encontrará maior receptividade neste momento do que mais tarde.

331. Nos tempos litúrgicos mais ricos ou em certos momentos especiais da vida das comunidades, a bênção final será enriquecida pelas bênçãos solenes à escolha ou orações sobre o povo. Nada impede que no caso de acontecimentos especiais celebrados na Missa da comunidade, tais como bodas e jubileus, bem como outras circunstâncias semelhantes, a bênção final inclua uma bênção especial para o casal ou pessoas determinadas.

332. De qualquer modo, haja no fim da Missa, na medida do possível, uma verdadeira despedida humana e fraterna.

---

[61] Cf. IGMR 11; DMCr, 54.

OBSERVAÇÃO FINAL

333. As presentes orientações visam oferecer às Igrejas locais e suas comunidades pistas que favoreçam a participação do povo na Missa, incentivada e proposta pelo Vaticano II.

334. Os frutos pastorais que delas se esperam dependem do cuidado com que estas orientações forem introduzidas. Faz-se necessária uma adequada preparação das Comunidades e de seus ministros, observando-se diligentemente o discernimento pastoral quanto à sua oportunidade e conveniência de acordo com a realidade local.

335. Evitar-se-ão os abusos, sempre possíveis, na medida em que formarmos os agentes de pastoral para uma sadia criatividade, fomentando positivamente a Liturgia em todas as suas expressões e favorecendo a sua linguagem própria no universo da fé.

ÍNDICE

Abreviações 5
Introdução 7

I PARTE: A VIDA LITÚRGICA

Capítulo I - A Caminhada Litúrgica pós-conciliar e seus atuais desafios

1. Visão de conjunto das três décadas 11
   1.1. Os anos 60 11
   1.2. Os anos 70 13
   1.3. Os anos 80 e a situação atual 15
2. Desafios 17

Capítulo II - Liturgia: Celebração do Mistério da Salvação

1. A Celebração 19
2. Celebração do mistério da salvação 21

Capítulo III - O Povo de Deus celebra a Salvação 25

Capítulo IV - As dimensões da Liturgia

1. Memorial 29
2. A glorificação da Trindade 30
3. Ação de graças 30
4. Súplica e intercessão 31
5. Pedido de perdão 31
6. Compromisso 32
7. Escatologia 32

Capítulo V - Elementos e formas do culto cristão

1. Elementos da Celebração 33
2. Formas de celebração 35
   2.1. Os Sacramentos 36
   2.2. Celebrações na ausência do presbítero 37
   2.3. Sacramentais 41
   2.4. Oração comunitária 42

Capítulo VI - A Igreja celebra no tempo

  1. O Domingo   44
  2. Os Ciclos do Ano Litúrgico   47

Capítulo VII - Espaços e objetos para a celebração   52

Capítulo VIII - Liturgia e Espiritualidade   56

Capítulo IX - Adaptação e Criatividade   59

Capítulo X - A Pastoral litúrgica   65

II PARTE - ORIENTAÇÕES PASTORAIS
          SOBRE A CELEBRAÇÃO EUCARÍSTICA   69

Capítulo I - A Celebração da Eucaristia

  1. Celebração da Eucaristia e Comunidade   73
  2. Preparação da Celebração Eucarística   75

Capítulo II - As partes da Celebração eucarística

  1. Ritos iniciais da Missa   81
  2. Liturgia da Palavra   91
  3. Liturgia eucarística   100
    3.1. Preparação das oferendas   101
    3.2. A Oração eucarística   104
    3.3. Os Ritos da Comunhão   108
  4. Ritos finais da Missa   114

Observação final   116

Rua Dona Inácia Uchoa, 62
04110-020 – São Paulo – SP (Brasil)
Tel.: (11) 2125-3500
http://www.paulinas.com.br – editora@paulinas.com.br
Telemarketing e SAC: 0800-7010081